PASSEI *para* MEDICINA, **E AGORA?**

ALLAN DENIZARD

PASSEI *para* MEDICINA, **E AGORA?**

Como sobrevivi ao curso mais disputado do país

Labrador

Coordenação editorial Pamela J. Oliveira
Assistência editorial Leticia Oliveira e Jaqueline Corrêa
Projeto gráfico Amanda Chagas
Diagramação Larissa Carvalho Mazzoni
Consultoria de escrita Rose Lira e Gabriella Maciel Ferreira
Preparação de texto Andresa Vidal
Revisão Lígia Alves
Capa Diego Cortez
Imagens de capa Lupashchenkoiryna (Istock)

Dados Internacionais de Catalogação na Publicação (CIP)
Jéssica de Oliveira Molinari - CRB-8/9852

Marinho, Allan Denizard Mora

Passei para medicina. E agora? / Allan Denizard Mora Marinho.
São Paulo : Labrador, 2024.
192 p.

ISBN 978-65-5625-560-6

1. Desenvolvimento profissional - Estudos 2. Medicina - Estudos I. Título

24-1271 CDD 658.3

Índice para catálogo sistemático:
1. Desenvolvimento profissional

Labrador

Diretor-geral Daniel Pinsky
Rua Dr. José Elias, 520, sala 1
Alto da Lapa | 05083-030 | São Paulo | SP
contato@editoralabrador.com.br | (11) 3641-7446
editoralabrador.com.br

Aos estudantes que buscam se
encontrar nesse imenso labirinto
conhecido como mundo,
portando essa mísera bússola que
chamamos de coração.

Às minhas bússolas:
João, Bernardo e Bento.

AGRADECIMENTOS

A Deus, acima de todas as coisas.

À minha esposa, Marília, por acreditar em mim mais do que eu mesmo, felicitando-me com um apoio diuturno no cuidado das crianças, com afagos nas horas vagas, com cafés no fim da tarde e com a companhia para assistir às séries tão difíceis de escolher a dois.

À minha família estendida, dona Diana, Aço e Naia, que dividem conosco a dádiva de zelar pelos nossos três pequenos amores.

À minha família de Irauçuba, tia Mirani e seus filhos, particularmente meu irmão de leite Fabrício, que me proporcionaram uma infância livre nas férias do sertão.

Aos meus amigos da panelinha na faculdade, Juca, Nanda, Sica, Chico e Denis, que entre consolos e tapas na cara, me sustentaram até o fim.

Ao meu amigo Romário. Nosso reencontro na adolescência desta vida nos fez reconhecer que não somos de hoje, ele professor de astronomia e eu aprendiz de astrologia.

Ao projeto Y, a cada um de seus membros das gerações, que se somam em tal número que já não pude mais acompanhar.

A cada um dos estudantes, entre graduandos e residentes, que passaram por mim, enxergando grandezas sem desconfiar das lutas históricas de construção dessa ou daquela competência.

À Central de Escritores, particularmente na figura de Rose e Gabriella, sem seus empurrões mensais este projeto teria levado uma vida, quiçá duas, para ser concluído.

Ao papai *(in memoriam)*, que fez nascer em mim gestos que parecem dançar pari passu com os dele.

À mamãe *(in memoriam)*, que foi minha fonte de vida, no início de tudo; de afeto, na primeira infância; de amparo, na adolescência; e de cuidados inesgotáveis em qualquer época.

À vovó Irian *(in memoriam)*, que, como Gaia para com Zeus, acolheu-me em seu seio, dando sentido, do fogão de lenha às guloseimas, da casa antiga aos pés de cajarana, do galinheiro aos cachorros alegres, a tudo o que hoje posso definir como infância.

SUMÁRIO

PREFÁCIO

Enfim, o jaleco se impõe como símbolo universal da autoridade de quem o utiliza. Limpa, passada e impecavelmente branca, a peça, ao mesmo tempo em que resguarda a pessoa que a enverga, comunica ao interlocutor um poder singular de solucionar problemas, promover curas e até mesmo afastar a morte. Doutoras e doutores são esses entes que parecem flertar com uma condição sobre-humana, dada a expectativa que seu condão de promover façanhas gera nos meros mortais. Mas o que há por trás da palidez da capa?

Da condição privilegiada de quem pode acompanhar um sem-número de amigos e colegas de escola se tornarem médicos, posso dizer que há uma variedade de cores que tende ao infinito! Cores vivas, forjadas nas paletas singulares de cada trajetória, de cada sonho juvenil transformado em experiência profissional, de cada ser humano que decidiu abraçar o desafio de – ou, pelo menos, aceitou o efeito colateral de ter que – parecer um-tanto-mais-que-humano.

Se cada um desses itinerários é único, raras serão as vezes que alguém terá a oportunidade de mergulhar num deles com a vivacidade que transborda das páginas a seguir. Não se trata meramente da riqueza de detalhes ou da fluidez narrativa. Tampouco se encerra na precisão técnica dos conceitos médicos mencionados, nem mesmo na profundidade reflexiva que decorre dos acontecimentos descritos.

O que esta "autobiografia profissional" oferece ao leitor é humanidade em alto grau! É a complexidade humana, cheia de fluxos contraditórios, ímpetos irrefreáveis, desejos inalcançáveis, medos paralisantes, inseguranças persistentes e contradições inconciliáveis. Mas, acima de tudo, num relato elegante, rico em intertextualidades e verticalmente denso, Allan Denizard nos mostra como ele enfrentou cada uma de suas lutas e seguiu adiante. E nada é tão humano, e, paradoxalmente, necessário de ser recordado, quanto a nossa capacidade de nos adaptar à imprevisibilidade da vida, ressignificando de tempos em tempos nossa própria existência.

A bem da verdade, talvez haja ainda outra coisa tão humana quanto: a nossa capacidade de deixar experiências registradas, a fim de que outros humanos possam compartilhar delas e enriquecer suas próprias trajetórias.

Espero que a humanidade vertida em fartas doses nesta obra ajude-o, médico, estudante ou tão somente leitor interessado na temática, a se conectar mais e melhor com a sua própria condição humana.

Romário Fernandes, jornalista, educador e amigo de longa data do autor desta obra.

“Quando o trabalho é prazer, a vida
é uma grande alegria.
Quando o trabalho é dever,
a vida é uma escravidão.”

MÁXIMO GORKI

POR SER INVISÍVEL, A VOCAÇÃO QUANDO CHAMA... ENCANTA!

Recentemente, eu me deparei com certo aspecto do meu envelhecimento.

Há dez anos dou uma palestra aos calouros do curso de medicina na universidade em que me formei, na primeira semana de aula. A palestra não tem título, chamam-na de "*Palestra do Allan*". Isso porque discorro sobre mim, sobre a euforia que tive ao ingressar na faculdade e, depois, do estranhamento, de algo que quebrou aqui dentro e que permaneceu durante os quatro anos iniciais de curso.

Mas, depois de lograr certa luz no fim do túnel, sobrevivi, apesar de tudo aquilo. Nela, há um desfecho que me traz lágrimas sempre que falo, e já vou dando um *spoiler* aqui para você: a morte de meu pai. Essa palestra acaba sendo, de certo modo, um culto à sua memória. Às vezes sinto como se ele sempre estivesse lá, assistindo, de novo e de novo.

Eu disse que isso falava do meu envelhecimento porque hoje, depois de algum tempo afastado dos hospitais, preso a alguns plantões de pronto atendimento e professor universitário, voltei a percorrer vários cenários da prática médica, desejando crescer e ter mais conhecimento, além de histórias para contar aos estudantes. Então, encontro por aí de recém-egressos a especialistas que me dizem: "Você é o cara que deu aquela palestra no começo da faculdade, não é? Nossa, aquilo foi importante para mim". Alguns ainda complementam: "Assisti à sua palestra duas vezes". Veja bem, não foram apenas recém-egressos; especialistas também já me abordaram assim.

Isso significa que aquele estudante que estava na sua primeira semana na faculdade, depois de ter sofrido toda aquela moenda de disciplinas — que faz as bases tremerem e os olhos se avermelharem de tanto lhe pressionarem a estudar —, depois de seis anos somados a dois ou três de residência, portanto, depois de oito ou nove anos, depara-se comigo e: 1. Lembra-se do meu rosto e, 2. da minha história.

Esse retorno que eu recebo, logo quando estou a me desnudar na frente dos novatos, na forma de aplausos e olhares de gratidão, alguns chorando comigo ao final daqueles míseros cinquenta minutos, é o que me faz, todo semestre, conseguir um horário na minha agenda para narrar de novo o que venho registrando neste livro para sempre, como que lavrado em cartório.

Aqui, porém, haverá uma novidade. Revelarei outra saga que não foi dita para ninguém além dos mais íntimos: as outras lições que tive depois da morte de minha mãe, onze anos depois de me formar. Narrando o decesso paterno, eu já expunha que o meu certificado havia sido entregue antes da formatura, no enfrentamento da morte do velho. Mal sabia que o meu desenvolvimento estava apenas no começo. O outro lado da moeda, do aprendizado em torno do cuidado e não tanto da cura, e o da impotência do médico frente ao mistério da vontade do outro, estavam para serem cunhados em noites insones e lágrimas no banheiro.

Está se perguntando por que vou contar isso para você? O tal de Hipócrates, aquele que fundou nossa forma de pensar a medicina no Ocidente, havia-nos legado um juramento que nos incitava a passar adiante a técnica e a arte de ser médico.

Eu tenho passado adiante o que aprendi. Todavia, sinto que o maior tesouro que carrego comigo são as lições que nasceram dessas experiências.

Esse nosso ancestral gostava de resumir os conhecimentos em aforismos. Cabem bem ao falar de assuntos que são apartados de nosso espírito. Falar deles porque estão encarnados em terceiros. O que vou relatar aqui, porém, se confunde em mim a tal ponto de dizer que sou eu.

Passarei uma parte de mim para você, sem pretensão de conselhos, porque valeu para mim, mas não faço ideia de como poderá reagir aos seus olhos, quando se ganhar solto em suas sinapses.

Desejo que encontre sua alma.

O segundo motivo, mais egoísta, é que preciso me despedir de minha mãe. E ainda não foram suficientes o velório, a missa de corpo presente, a procissão que levou seu corpo ao túmulo, o cimento que a lacrou do lado de papai. Vou lhes deixar ver uma brecha deste coração, que, mais que de um médico, é de um filho sofrido, um frágil ser humano. Acredito que expor os ingredientes que me fizeram forte misturados com os que me fizeram fraquejar sirva de alento para você.

Ano passado, vi o garoto que estava no ventre de uma amiga quando entramos no curso de medicina ingressar na nossa mesma faculdade. Entrei em outra escala de tempo. Não eram mais aqueles seis, oito ou nove anos que se passaram devolvendo para mim uma resposta do que fiz, mas sim dezoito anos apresentando-se na minha frente e fazendo-me experimentar a vertigem do tempo.

Os dezoito anos daquele rapaz me apontavam tudo o que havia sido percorrido desde o momento em que eu havia ingressado ali. Estava falando agora para os filhos da minha geração. Minha amiga engravidara cedo para nossos padrões. Hoje, pediatra exemplar, conduz uma família que já vai com quatro homens e ainda pensa em buscar a menina. Eu, mais modesto, estou no terceiro – e que queremos que seja o último biológico. Quase todas as noites trago para eles histórias que nascem na imaginação e que, para acrescentar ainda mais um elemento fantástico, digo-lhes que tomo emprestado da memória universal. E que aquelas histórias podem ter acontecido de fato em outros multiversos. Quando a história que aconteceu comigo reverbera no outro, não é disso que se trata?

Você é um universo inteiro, fruto de escolhas e de acasos que lhe fizeram totalmente diverso de mim. No entanto, esse diverso escuta a minha história e, primeiro milagre, compreende-me, segundo milagre, ri daquilo que em mim era tão ridículo quanto nele e, terceiro milagre, chora comigo como se tivesse perdido o próprio pai.

Com este livro, também desejo que esses milagres se repliquem para além desta geração e que cheguem aos meus filhos. Daria uma boa epígrafe: "*aos meus meninos, quando eles já estiverem prontos para me ver sangrar*", ou ainda "*aos meus rapazes, quando eles estiverem prontos para me amar apesar de...*". As reticências nessa última importam. Dá um toque de mistério do que eles podem encontrar de mim por aqui, ainda mais quando eu não mais estiver fisicamente entre eles.

A morte tem esse quê de
reticência para a vida.
A casa oito zodiacal.

Ora, me veio em mente agora, se essa autobiografia profissional não é um grande epitáfio, e, paradoxalmente, expondo minha fragilidade, não estaria astutamente mirando a eternidade. Quem não quer se perpetuar e fugir como pode do esquecimento?

Ontem estava na festa de aniversário da prima de minha esposa. Encontrei outro primo dela que eu admirava pela sua espirituosidade e simpatia indefectíveis. Saí de perto do alvoroço da banda para me sentar ao lado dele e puxar assunto. Ele estava terminando a faculdade de medicina e estudava para passar na residência de psiquiatria. Em certo momento, entramos em assuntos mais filosóficos sobre a existência e caímos no que mais lhe afligia hoje: a doença degenerativa da mãe.

Acredito que existe um magnetismo atraindo as almas que têm algo para falar umas para as outras.

As suas dúvidas, angústias e receios – se conseguiria dar conta da medicina e dos cuidados da própria mãe, de seguir o seu caminho, de amadurecer como homem sem descuidar da missão de filho, naquele momento em que a vida parecia cobrar a devolutiva dos desvelos despendidos pela mãe até o momento de ele ganhar asas – reverberavam com o que passei. Não o fiz ouvir a minha experiência porque era um momento de escuta. Com calma, ele a poderá ler agora.

Um outro amigo vai tentar a vida em Portugal, e me pediu dicas de leitura sobre medicina de família. Perguntei-lhe se ele pretende ser médico naquele país. Ele me devolveu a decepção com a medicina assistencial. Nada do que já fez lhe trouxe plenitude. Desde repetir prescrições até massagear corações, nada lhe trouxe de volta o gosto do exercício que nele eu via quando então coordenava os plantões de cirurgia nos quais estagiei. Foi ele que me ensinou todos os pequenos procedimentos que hoje faço em ambulatórios. Migrou suas atividades para a gestão de projetos, startups, consultoria de hospitais. Suas leituras em medicina de família pareciam ser para dar mais fundamentos ao exercício de futuras gestões.

Tocado por esse desabafo, fui rever o meu caminho e saber se guardava a mesma decepção. Não. Parece que minha busca é outra. Em *Olhai os lírios do campo*, de Érico Veríssimo, a cena que sempre tenho em mente ao falar desse romance é a de Eugênio atendendo aos seus pacientes.

Ele era um rapaz depressivo, tendo feito uma escolha de casamento para lhe garantir sucesso na vida em sacrifício do amor verdadeiro. Em casa, não era feliz. Seus dias, sombrios. Contudo, a tal cena que me marcou era de um Eugênio sentado em um lugar especial, na cadeira de médico, recebendo os pacientes em um ambiente protegido, o seu consultório. Ali, as pessoas se permitiam contar segredos, revelar problemas, tudo o que não podiam fazer aos olhos da sociedade, que não suporta vidas decadentes e pessoas mórbidas arrastando-se pelas vias, já que é preciso produzir festivamente.

A medicina assistencial é um lugar de encontro.

Querem-nos dizer os liberais que é a troca dos interesses. Há alguém que precisa do seu serviço o suficiente para pagar por ele. Que seja! Não diz tudo. Há algo de sagrado nesse encontro, porque o que querem de mim, por mais que não o possa prometer, é o restabelecimento total da saúde.

A pessoa vem em busca de uma cura, o produto final é uma prescrição, mas no meio tem a entrega dela de seus males no altar de um diálogo que se quer respeitoso e atento, diante de olhos, ouvidos e mãos que se prepararam em provas iniciáticas para desvendar mistérios.

É uma missão. Se os tempos modernos conseguiram reduzir as dimensões desse encontro em cláusulas de contratualização, não desfez a essência do que sempre foi na história da humanidade. E, talvez, a perda desse sentido vem dando asas aos absurdos que vez ou outra aparecem nas mídias e que se mostram tanto mais revoltantes quanto mais maculam a relação desse sagrado.

Dei um plantão de emergência pediátrica em uma sexta-feira à noite. Hesitei a todo custo pegar plantões noturnos desde a pandemia da Covid-19. O corpo nunca se recupera de uma madrugada aflita.

Era uma epidemia de viroses intestinais, todas as crianças, quando não queimando em febre, estavam vomitando o dia todo, e as mães nos procuravam até a meia-noite para lhes inocular qualquer remédio para acalmar os sintomas e alguma solução para lhes reidratar. No meio destes, havia uma menininha que, de tanta febre, estava largada no colo da mãe já havia um dia e meio. Tinha sido internada sete vezes em seus dois anos de vida. Recebera uma vacina de largo espectro fazia dois dias e desde então evoluíra com febre ininterrupta. Não fosse esse histórico, o quadro não passaria de uma reação vacinal. Febre nesses moldes por menos de três dias, quase todas as viroses dão. Era uma hora da madrugada quando a mãe retornou para que eu analisasse os exames.

Havia um aumento das células de defesa que poderia ser perfeitamente justificado pelo quadro hiperagudo de reação vacinal. A mãe vinha a mim inquieta, minha primeira reação foi acalmá-la para o que poderia ser apenas um processo natural. As seis horas de atendimento incessante que antecederam esse encontro perturbavam a mente. Algo me dizia que eu deveria me inclinar melhor sobre o caso. Respirei fundo e segui ao exame físico. Sentia cada passo de meus pés inchados no chão. Trouxe a escada de exames para perto da garotinha. Sentei-me para ficar na altura daqueles pequenos pulmões. Subi a camiseta dela e inspecionei seu jeito de respirar. A respiração rápida poderia ser da febre, porém havia retrações entre as costelas que evidenciavam algum esforço respiratório incomum.

Tomei o estetoscópio e me pus a lhe auscultar. Havia um ruído a favor de uma nova pneumonia. Passei mais tempo comparando um lado do tórax com o outro para ter certeza de que não alucinava. Não havia dúvida. O raio X estava quebrado. As minhas evidências estavam naquele histórico sofrido, no hemograma e no exame físico. O rosto da mãe, logo acima do meu, aguardava o parecer.

— Será necessário interná-la de novo — falei.

— Eu não aguento mais! — gemeu a mãe, desesperada.

— Sinto muito. Está bem claro algo se formando na base do pulmão direito.

Ela pediu para falar com o marido. Saiu carregando a menina febril nos braços. Aquiesceram. Havia um misto de desespero e gratidão naquele olhar. Desespero pela próxima semana hospitalizada, gratidão por eu ter descoberto o que seria necessário fazer.

Vê? Muita coisa aí não está no contrato. E se eu for me guiar apenas nos limites dos algoritmos, a próxima geração de médicos que são nada mais do que inteligências artificiais conseguirá fazer isso melhor do que qualquer carne e osso.

Não é apenas pela busca do dinheiro que vai sustentar a família e nos conceder momentos de lazer. Eu tenho uma pretensão de entender a verdade do ser humano que se revela quando caem as máscaras na dor. Pensar no destino, quando ele nos dá uma rasteira e nos joga em um leito, encostado em um corredor de hospital.

Já estive em equipes de gestão, com a possibilidade de fazer correr projetos que gerariam estatísticas apresentáveis em congressos. Mas hoje volto a lidar com pessoas reais, longe dos números, que me olham de frente.

Já ouviram falar que a humanidade não existe? Ninguém sai para beber com a humanidade ali no bar do Seu Zé. O que existe sou eu e você.

Pois então, *ecce homo*: aqui estou eu para você.

— Allan Denizard

O (DES)ENCANTO

CAPÍTULO 1

QUANDO O SONHO SE TRANSFORMA EM ESTRANHAMENTO

"Muito estudo não ensina compreensão."

HERÁCLITO DE ÉFESO

Era um dia perto do final do ano. O vestibular tinha acontecido ainda há pouco. Um grande ciclo deveria se findar. Aquele de muitos estudos e bem menos diversão do que gostaria. Nas turmas por onde passei, sempre fui em busca da primeira colocação. Algumas vezes, eu a perdi. Fiquei, pelo menos, entre os cinco melhores, mas não sem sentir raiva. No colégio militar, estava entre os legionários pelo bom comportamento e ostentando um alamar no braço esquerdo pelas boas notas. Raramente fui repreendido, e quando o fui, me vigiava para nunca mais falhar naquele ponto.

Não era tanto pela santidade inata, mas por uma busca de glorificação. Na adolescência isso se tornou ainda mais claro. Gostava dos postos de comando. Quando eu era designado como chefe de turma ou comandante de pelotão, engrossava a voz, falava alto, esmerava-me por fazer o certo no que chamavam de ordem unida.

Para completar, entrei para o teatro do colégio. O palco, os holofotes, arrancar risos, cativar a atenção de uma plateia lotada na competição olímpica dos colégios. Para quem estuda astrologia, falo de um sol em leão no que toca ao palco, e de um ascendente em virgem no amor pela ordem. Tanto melhor quando se tem uma mãe a massagear o ego da criança, que se comporta para receber ainda mais elogios, e um pai a quem se quer demonstrar virtudes a fim de merecer felicitações.

Naquele dia, eu estava inquieto à frente do computador atualizando a página da universidade, que em instantes havia prometido lançar o nome dos aprovados para faculdade de medicina. Em um momento saiu, e meu nome completo estava estampado ali na lista para a primeira metade da turma. Atualizei mais duas vezes a página para garantir que não tinha sido um erro. Chamei minha irmã para me certificar de que não era alucinação. Depois de toda essa verificação, saí correndo para avisar papai e depois mamãe, receber seus olhares orgulhosos e, em seguida, correr lunaticamente em torno da mesa da sala de estar até a varanda e gritar a vitória.

Poucos minutos depois, os amigos me ligaram. Sairíamos para um ritual de reconhecimento dos que passaram: cortaríamos as cabeleiras uns dos outros, toscamente, para sermos ridicularizados pelos transeuntes daquela noite até que o dia seguinte nos impelisse ao barbeiro que, facilmente, terminaria a obra. Entraríamos entre os cabeças-peladas, recém-ingressos nas faculdades, ou melhor, os "bichos".

Somos intitulados "bichos" por andarmos em bando, seguindo instintos de sobrevivência ao ingressar pela primeira vez no campus.

Ontem, todos aqueles colegas de turma eram meus concorrentes. Hoje, poderíamos nos dar as mãos. Ninguém era meu amigo, porque estes foram para outras áreas. Minha namorada, que também queria medicina, não passou. Ela era minha principal companhia, quase como um casamento. Estávamos sempre lado a lado na sala. Sabe aqueles casais modelo, que servem de admiração e inveja para outros casais que querem durar? Éramos nós. Fora da aula, estávamos estudando juntos ou espairecendo. Até o dia em que percebi que nossa relação quinquenária havia arrefecido e se transformara em uma pequena amizade. Para o glossário francês isso era o suficiente, minha *petite-amie*, se o corpo estivesse ainda quente, mas não estava. Eu havia percebido isso no começo do terceiro ano.

Não sei o que foi covardia maior, ter perpetuado uma relação por não suportar vê-la chorar e estar às voltas com ela fingindo que estava tudo bem até o final do terceiro ano (para não comprometer seu emocional às vésperas do vestibular), ou ter esperado - e talvez desejado - que ela não passasse, para que a distância fosse minha companheira traindo aquela relação, dando motivo, enfim, para acabar tudo de vez... pelo telefone.

Eu sabia que terminar um relacionamento de cinco anos por telefone era canalhice. Porém, estávamos conversando com mais silêncios do que trocas de afeto, e ela me pressionou. Eu já planejava dizer tudo presencialmente. Suas perguntas foram me encurralando cada vez mais:

— Você não gosta mais de mim?

Não é que não gostasse. Eu poderia dizer que não era bem assim, que o afeto, que o carinho, que o desejo, que nós dois...

— Não — disse certeiro, mas quase sussurrando.

Eu tinha que dizer não, ou aquilo não teria fim. Não era o mesmo amor, e nem era o amor que ela queria. Não dava para contemporizar.

— É outra pessoa?

— Não. — E não era mesmo. Não tinha ninguém. Mas a tristeza e a dor da separação inevitável estavam me deixando monossilábico e direto.

— Vamos terminar?

— Sim, devemos.

— Assim, desse jeito, sem mais... — a voz dela embargou.

— Não queria que fosse assim. Queria conversar presencialmente — disse.

— Não. Não quero te ver. Não acredito que você fez isso comigo! — ela disse, antes de desligar o telefone.

Por Deus, foi a pior forma! Pelo menos não teria que enfrentar o vazio dela na cadeira ao lado e o olhar perplexo dos que torciam para que nos casássemos, como se déssemos vida para os sonhos das românticas, ou o deboche dos doidivanas que, aos quinze anos, já sabem de antemão que essa história de amor não existe ou, se existe, não pode durar tanto quanto o resto da vida.

Talvez estejam certos para a verdade possível da adolescência, que não se pode ater a uma pessoa quando se tem vida para muitas.

Quando se quer um relacionamento fugaz, bastam corpos e desejo. Todavia, quando se quer namorar, tem o radical de *morar* nessa palavra. Aponta para a ideia de fazer moradia, construir algo sólido que nos sirva de abrigo e cama de amores. Se o que quer é namorar sério, é preciso esquecer que a paixão é volátil, que os receptores cerebrais da euforia um dia saturam, e que querer a pessoa ao lado pode não passar de um hábito. É preciso se enganar e enganar o outro dizendo mil coisas bonitas que terminam em "para sempre". Não é a verdade socrática. É a verdade necessária para que os dois se tornem aquilo: namorados. Não há nada de mal nisso, a não ser quando acaba.

Eu chorei um bocado depois daquele telefonema. Tinha um vazio corrosivo nessa zona do tórax onde dói naqueles que infartam. Era uma dor que nascia no meio da linha intermamilar e ascendia até a região submandibular, fazendo doer até os dentes, irromperem lágrimas, aumentar a salivação, gemer e quase babar. O corpo queria ficar encurvado, os joelhos protegendo o peito, as mãos abraçando as pernas. Desejei que ninguém entrasse naquele quarto escuro, nem um raio de sol. Pedi perdão a Deus, por ter magoado alguém que muito amei. Mas não iria voltar atrás. A noite adensara. Depois de quase convulsionar, dormi.

As férias já haviam se passado. Mas, no meio delas, papai me levara de carro para percorrer as ruas do campus. Eram praticamente as mesmas ruas que ele havia percorrido há quarenta anos. Já lhe falei que ele era médico? Ele era. E havia se formado ali. Imagine a sombra que o velho fazia sobre mim.

Para falar a verdade, nessa época, aos dezoito anos, eu me achava melhor do que ele em muitas coisas. Era mais alto, mais forte, mais veloz, não era careca, minha pele não tinha aquelas manchas de melanose solar, enfrentava palcos com desenvoltura, sabendo me expressar de uma forma cativante, sem usar palavrórios rebuscados que faziam alguma parte da plateia admirar o orador sem entendê-lo. Ademais, sabia de oito reações do ciclo de Krebs, matriz, equações logarítmicas e trigonometria de que com certeza ele já não lembrava mais. Ele sabia de muitos fatos históricos, mas eu sabia da interpretação crítica deles. Mamãe havia me ensinado as primeiras palavras e operações matemáticas. Papai entrara na parte da educação de quando já se é alfabetizado e se é obrigado a saber quem fundou a cidade onde se mora. Conduziu-me até terminar as primeiras séries do fundamental, quando então já havia adquirido disciplina suficiente para estudar sozinho, conduzido e pressionado por um cursinho que me preparara para o ingresso no colégio militar.

Papai ainda me ajudou a decorar os tipos de rodovias do Brasil e para onde elas levavam. Já ao colégio militar, foi ele quem decifrou um livro indigesto de história do Brasil, escrito por um coronel maluco e possivelmente caduco, valendo-se dos tais palavrórios rebuscados para ser lido e estudado por meninos de doze anos. Papai então lera o livro inteiro e resumira cada capítulo, respondendo cada questão de fixação, elaborando assim uma apostila datilografada na sua velha máquina de escrever.

Finalmente as férias acabaram e era o primeiro dia na faculdade. Fomos recepcionados pelos coordenadores e depois entregues aos veteranos, que organizavam um conjunto de atividades denominadas de calouro humano. Era a ideia de que a recepção dos bichos deveria ser humanizada, longe da violência de outros tempos, talvez resquícios corrompidos dos rituais de iniciação das seitas secretas da antiguidade, no nosso caso, dos asclepianos[1]. Programaram um tour pelos diversos departamentos, do banco de sangue ao departamento dos mortos, digo, da morfologia. Este último seria por onde começaríamos os estudos.

Lá havia pedaços de corpos de indigentes guardados em formol. Alguns já bastante manipulados, outros ainda intactos. Era uma alegria para os alunos que já pensavam se tornar cirurgiões, o momento da dissecção das peças ditas anatômicas, mas que eram de cadáver.

Uma parte do turno era a aula teórica que se dava na sala escura, com um projetor bruxuleando fotos de anatomia, dando zoom nos detalhes de ossos e músculos, entrecortado pelo professor mostrando as peças ao longe, fazendo correr seu lápis pelos sulcos e relevos de um fêmur, pelas apófises e processos de uma vértebra, apontando onde deveriam se inserir os tendões.

Aquela sala não tinha janelas de vidro que permitissem a atenção vazar para algum lugar de fora. Meus olhos balançavam pelo entorno, olhando para os colegas. Em média, tínhamos vinte anos. Alguns puxavam a média para cima, por terem tentado o vestibular mais vezes. A genética já impunha calvície na coroa de certas cabeças. Uma pessoa em especial já tinha mais de cinquenta anos, e o seu jeito de sempre buscar a perfeição imediatamente me afligia demais.

---

1 Diz-se dos gregos que, por vocação, dedicavam-se aos atos de cura em templos dedicados ao semideus Asclépio, cuja mitologia para o ocidente dá fundamento para a profissão médica.

Quando voltei a olhar para o professor, os olhos pesaram. Eu não captava mais nada do que ele dizia. Os ouvidos começaram a negligenciar suas lições. A coluna envergava aos poucos, e o grosso livro de anatomia me serviu de travesseiro. Acordei com uma cutucada. A aula havia acabado, e o professor não notou minha soneca, ou não se importou, já que quem perderia seria eu, na prova. Aquele mundo era completamente diferente.

> Não estávamos mais em um educandário com professores, inspetores e coordenadores fazendo o possível para que aprendêssemos da forma mais didática possível.

Cada professor trazia um tratado na mente e considerava a sua disciplina a mais importante e a que deveria ser mais estudada. Eram oito horas diárias de aula. Um ou dois turnos livres por semana. Aprenderíamos a usar a hora do almoço, e mesmo os turnos livres, para as reuniões de ligas de estudo, projetos de extensão e voluntariado em laboratórios de pesquisa.

Daí em diante era almoçar pelas redondezas, em algum canto barato, mas não muito, para não pesar a barriga e ainda poder estudar algo. Ir para a biblioteca conseguir um canto bom no único salão com ar-condicionado, folhear algumas páginas. Acostumar-se com o vocabulário médico. Resistir. Retornar à aula. Suportar a tarde de exposição de outros tantos assuntos. Tirar as cópias dos slides e das anotações dos colegas, pegar o ônibus, chegar em casa, tentar estudar, não conseguir, dormir, acordar aflito no dia seguinte para recomeçar tudo de novo.

O outro dia foi assim. E outro e mais outro. Era quase final de semana quando recebi uma mensagem dela:

"Você pode falar comigo hoje?"

"Claro!"

"Estou no cursinho."

"Que horas?"

"Estou quase de saída."

"Estou indo. Vou de ônibus, mas não devo demorar."

A noite seguiu meu ônibus. Trouxe-a comigo para a frente do cursinho. Quando ela me encontrou, chorou. Chorei de volta. Eram muitas lágrimas. Sua face branca se avermelhara toda ao redor dos olhos. Seus lábios estavam pálidos. Ela cabia toda em meus braços. A cena chamava a atenção. O porteiro nos pediu para ir para outro lugar. Levei-a para poucos metros dali. À sombra de uma árvore, tornando ainda mais sombria a cena daquela noite, finalmente conseguimos falar:

— Como está lá? — ela me perguntou.

— Pesado.

— Como isso foi acontecer?

— Já vinha se desgastando.

— Mas dois meses antes, você cantou a música do Caetano para mim. Me senti tão amada.

— Desculpe. Metade daquele sentimento era verdade. Mas não posso mais sustentar isso aqui só com metade. E a distância deixou ainda mais claro.

— Já falei com uma amiga, perguntei se falar com você não seria humilhação. Ela achava que não, que você já tinha feito tanto por mim, para me conquistar. Acabou mesmo?

— ... acabou.

Nossa, que dor! O "acabou" saiu rasgando. Tem um jeito de acabar com alguém sem machucar tanto?

— Quer carona? — ofereci.

— Já está de carro? Não quero. Vou me sentar no banco da frente já sabendo que o lugar vai ser de outra.

— Não estou de carro. É de ônibus mesmo.

Ela sorriu. Fui deixá-la em casa. Pediu-me um último beijo. Eu lhe dei.

Àquela época, havia uma disputa dentro da faculdade entre os partidários do currículo antigo e os defensores do currículo novo. O antigo era aos moldes do que vemos nos filmes. As cadeiras básicas com as ciências fundamentais ocupavam o lugar dos primeiros quatro semestres, fazendo com que o aluno viesse a ter o primeiro contato com o paciente e as ciências de desvendar as doenças só a partir de então. Até lá eram os cadáveres sadios e seus cortes histológicos no primeiro ano, ao encargo de anatomia, fisiologia e histologia bem aprofundadas.

Ao segundo semestre viam matemática, com alguns traços de cálculos complexos, beirando mesmo o cálculo integral para que pudessem ter noção da grandeza das ramificações pulmonares.

Eram apresentados à genética, como fundamento da vida, apesar de não se ter tantos avanços em sua manipulação. Era um conjunto de curiosidades do íntimo de nossas células, apontando o peso da engrenagem que nos gera e regenera. Das origens, os mais diversos estágios de desenvolvimento embrionário eram apresentados. Moldes embrionários e exemplos de fetos conservados estavam expostos no laboratório de prática.

A farmacologia era apresentada na sua história remota de estudo de plantas e seus venenos, preparados para servirem ao restabelecimento da saúde, para tão logo se mostrar na sua face industrial, quando, a partir da revolucionária fabricação de amônia em laboratório, uma corrida é disparada para fabricar todo o resto dos fármacos em tubos de ensaio. Essa ciência, então, não mais era ensinada como um estudo de ervas e unguentos, mas como a exposição de um conjunto de reações bioquímicas em que a marcha de íons ia se dando na intricada teia endocelular, eivada de bombas, canais de transporte, intermediários de reação, facilitadores de transcrição genética, facultando os efeitos terapêuticos tão bem conhecidos por qualquer mãe com o filho ardendo em febre em noites insones.

Ao segundo ano, davam acesso às peças anatômicas adoecidas, às sessões de necrópsia, ora expondo casos clínicos antigos cujos órgãos de choque foram preservados, ora com um cadáver fresco, cujo decesso acabara de ocorrer ao hospital universitário sem que a equipe tivesse logrado êxito diagnóstico. Voltava-se então à anatomia e à histologia, mas do patológico. E nesse afazer investigativo de ver as causas da morte em partes de um corpo que já não pode mais falar sobre a própria vida era como se passavam os dias até o fim do ciclo básico. Era aí que teriam a primeira aproximação ao raciocínio diagnóstico, aventando hipóteses para um diagnóstico topográfico, anatômico, sindrômico, patológico e, enfim, etiológico.

Eu lhes falei o conteúdo que se deveria ter no primeiro biênio no currículo antigo. No novo, era quase a mesma coisa, tirando a matemática, e acrescentando, desde o início, a contemplação de casos clínicos reais e a visita a cenários de prática de saúde comunitária.

Ao contrário dos bem remunerados professores de cursinho, que suavam para nos entregar o conteúdo mastigado, os catedráticos pareciam esquecer que éramos moças e rapazes recém-saídos dos cueiros dos colégios e nos enchiam de textos indigestos, cada um repleto do dialeto de cada ciência.

Ainda lembro da primeira vez que entramos em uma comunidade vizinha ao posto de saúde. Eram habitantes de casas aglomeradas, com finas paredes separando umas das outras, um pequeno córrego escorrendo pelas ruas não asfaltadas, cachorros malcuidados passeando ou brigando pelas esquinas, roupas estendidas em becos sem saída, habitações privadas de ventilação. Deveria vir na lembrança a gratidão de poder ter acesso desde o primeiro semestre às pessoas que um dia deveria atender. Vem-me apenas o cansaço de percorrer, ao encalço de um agente comunitário, aquele labirinto, temendo a violência que nos espreitava, seguido pela outra metade da manhã lendo em voz alta um texto acerca da construção do sistema único de saúde, a partir de certa reforma sanitária, que tinha o objetivo de minorar os fatores de risco de adoecimento dos determinantes sociais de saúde.

Era o correspondente daquela aula dos ossos. Acho que só não dormi porque o dia estava alto e havia bastante luz na sala em que nos reuníamos. As turmas das atividades de campo eram menores. Queria a andragogia que lhes idealizou que fossem assim para otimizar o ensino-aprendizagem. Vem-nos, então, um professor, em pleno século XXI, colocar-nos em círculo para lermos um texto em voz alta e debatermos sobre tudo aquilo com que nunca tivemos contato. Só o círculo era a inovação desse método em relação ao que vinha acontecendo desde pelo menos meados do século XIX. Aliás, a crítica que caía sobre o tal currículo novo era que de novo havia apenas a divisão dos assuntos, que agora se misturavam fragmentados entre grandes temas que os idealizadores entenderam fazer um sentido orgânico. Não tínhamos mais, por exemplo, a anatomia em si, mas partes dela pulverizadas em cada um dos grandes sistemas do corpo.

Almejavam os demiurgos do mundo novo que a reconfiguração dos nomes pudesse engendrar, como que por um ato mágico, a renovação da forma de ensinar, gerando mais adiante o tão ambicionado "novo médico" que daria conta dos desafios de plantar os alicerces de uma sociedade mais equânime, ofertando integralmente os cuidados de que a maior parte da população necessitava. O que acontecia na prática era o esforço de passar a todo custo o máximo do que havia no antigo regime para os alunos. Diziam-nos os catedráticos insatisfeitos: "Antes eu tinha um mês para lhes ensinar isso; agora, aguentem eu lhes passar em duas horas".

Depois de entrar na faculdade, entendi que poderia voltar a ter uma vida mais socialmente ativa. Desde a adolescência, engajara-me em serviços de voluntariado da casa espírita que frequentava. Por três anos, os domingos eram dedicados a tais atividades das 8 horas da manhã às 18 horas. Herdei essa religião de meu pai. Desde a infância ele havia transformado meus domingos matinais em idas ao centro espírita. Deixava-me com professoras dedicadas a me ensinar sobre o Deus único, a sobrevivência do Espírito, a manutenção da individualidade para sempre, a vida em todos os planetas, a majestade de Jesus, a caridade como a melhor chave para o céu da consciência, a possibilidade de os habitantes do além se comunicarem com os de cá, a necessidade das múltiplas vidas para se depurar da nossa selvageria e ascender aos anjos.

De todos esses princípios, quando ouviam falar de espiritismo, a maior parte das pessoas via apenas pecadores que profanavam a sagrada memória dos mortos, como que revirando túmulos, evocando em sessões de mesa branca os espectros disformes de quem já se foi. Aqueles que apenas riam de nossa credulidade eram mais dóceis conosco, pois nos encaravam como meros supersticiosos. Pior eram os que nos viam como partícipes de um acordo com Mefistófeles.[2]

Papai sofreu por muito tempo com tal preconceito na cidade em que decidiu terminar sua vida como médico. Os mais velhos aconselhavam que as crianças não andassem na calçada de sua casa, sob pena de serem possuídas. Em pouco tempo, o povo todo perdoou esse lado sombrio de papai, já que ele cuidava das dores, dos ferimentos e do parto de todos.

---

2 Personagem de livro da Idade Média, conhecido como a própria encarnação do mal e ajudante de Lúcifer a angariar almas para o Inferno.

Hoje, com tanta luta pela diversidade, pouco ouço falar da aversão à minha crença, mas o medo de ser rechaçado por me dizer espírita me perseguiu por toda a vida.

Introduzo esse assunto porque, além de estar mostrando minha visão de mundo, revela um dos aspectos do porquê acabei com aquele primeiro relacionamento: ela não aceitava conversas sobre qualquer aspecto do espiritismo.

Eu aprendi desde a solidificação da personalidade, nos primórdios da puberdade, a me abster de falar da minha crença e a tecer conversas apenas sobre o cotidiano visível das coisas. Outras tantas razões contribuíram para o desgaste, revelei-as apenas à minha terapeuta. Todavia, essa de estar cingido ao meio, escondendo a minha outra parte, foi das mais dolorosas para aquela jovem cabeça. Na volta aos círculos espíritas dos quais me afastei na preparação do vestibular, enquanto me escaldavam a pele os dias de aprendiz de medicina, me aparece às vistas uma menina morena cuja alegria e a partilha de todas as atividades religiosas me fizeram querê-la com ardor. Daqui em diante, eu a chamarei de Morena.

Morena vivia com um sorriso convidativo no rosto e era pródiga em abraços. Estávamos juntos no teatro, e ela se mostrava uma ótima atriz. Voluntariava-se para todas as apresentações, esforçava-se em fazê-las bem.

Desimpedido o coração, meus olhos começaram a percebê-la como mulher, mas era apenas uma menina de dezesseis anos. Eu era coordenador do grupo de teatro e já havia assumido postura de tutor de vários trabalhos. Ela era aprendiz. Por um prurido hierárquico, resisti a me aproximar dela com intenções de conquista. Porém, das forças que nos movimentam, Eros é das mais irresistíveis e traiçoeiras. Querendo escapar do torvelinho da paixão, quando menos esperei, estava à sua frente, tocando seu rosto com suavidade e selando um compromisso em sua boca.

As cores da faculdade se modificaram por um tempo. Um novo ímpeto para suportar as dificuldades me havia sido insuflado. Meu rosto andava mais corado.

Festejei a novidade entre amigos. Uma amiga antiga, todavia, franziu o semblante para a nova paixão:

— Não faz muito tempo que você acabou um relacionamento e já está em outro.

Narrei meus motivos, que acreditava serem suficientes.

— Não sei. Me parece rápido demais. Mas quem sou eu? A vida é sua, o coração é seu.

Era final de semestre e estávamos estudando o sistema nervoso. Uma miríade de sinapses nos era revelada com muito mais conexões e interações bioquímicas do que sonhávamos haver quando estávamos no ensino médio. Quase todas as curiosidades das ações humanas e dos sentidos, o professor conseguia reduzir às fibras nervosas. Um intricado processo de retroalimentação, inibição, excitação, frenagem e permissividade de correntes fundamentava a complexidade de nossas escolhas. Éramos um ser biônico muito bem arquitetado, a quem um dia o acaso dera corda e nos jogara no mundo. Na faculdade não era o espaço para falar da origem das coisas. O espírito como agente primordial era ignorado ativamente por nunca ter se deixado aprisionar naqueles laboratórios. Os mecanismos intermediários, as segundas e terceiras vias, eram tudo. Atuar sobre elas, portanto, seria o bastante para organizar o que patologicamente se desfez.

A paixão se assemelha a um vírus. Invade-nos, destila estímulos no coração, dá-nos dispneia, sentimos a respiração quente, os olhos em brasas, a mão gélida e suada. Os pelos se eriçam, a pupila se dilata. O infectado quer engolir o ser amado.

Na casa de Morena, eu era o estudante de medicina, louvado pelos esforços de ter chegado lá. Acreditavam que minhas pestanas estavam chamuscadas de tanto estudar pelas madrugadas. Eu não desmentia os exageros. Os elogios me eram favoráveis. Pensava que a admiração me faria ter Morena ainda mais. Fazia pouco havia tirado a carteira de motorista. Os primos queriam sair para passear. Fingi já ser um condutor exímio quando, na verdade, aquela seria a primeira vez que tomava um carro sem tutor. Não fiz feio; do temor e do tremor nas pernas, sobrevivemos. Quase todos os dias eu interpolava a casa de Morena entre a faculdade e a minha casa. Sacrificava horas de estudo com ela.

Quando as potências elétricas dos meus nervos arrefeceram, esgotados os blocos de neurônios que se ascenderam apenas para amá-la, saturados os receptores dos sentidos quanto à forma dela, dei por mim que quase não conversávamos. Seu sorriso constante e fácil se cercava de silêncios. Pouca opinião me emitia. Muito aquiescia. Que diferença havia entre mim e todos os outros? Os beijos. Quão valiosa era essa intimidade? Comecei a me sentir prescindido. Não havia falas que me trouxessem para mais perto. Não havia gestos que nos mostrassem mais sendo autenticamente um do outro. Cheguei a julgar que toda aquela exaltação da minha imagem serviu para me transformar em um namorado prêmio. Era uma vitória me ter. Nunca provei essa hipótese, e não descarto que ela tenha nascido da vaidade.

A advertência daquela velha amiga se voltou contra mim de novo, mas agora falava alto. Será que eu havia desrespeitado o tempo de cicatrizar o coração? E este, com algumas paredes inativas, colapsadas as circulações colaterais de emergência, antes tonificadas pela paixão, agora se voltava demais para mim mesmo, impedindo-me de ver Morena com mais profundidade e justeza?

Pela primeira vez fui mal em uma prova. Foi a de neuroanatomia. Pela primeira vez na vida eu reprovei em uma prova e fui para a recuperação, lá chamada de avaliação final. Na prova prática, alfinetes espetavam as fissuras, os sulcos, os lobos, os giros e aquedutos que deveríamos nomear na folha-resposta. Na teórica, perguntavam-nos sobre as teorias de conexões entre os diversos setores que resultariam na harmoniosa execução desta ou daquela função motora ou cognitiva. Desamparado nessa primeira derrota, cinzentos os dias como a cor marmórea pálida daqueles cérebros mortos, saímos eu e mais dois da faculdade com a data da avaliação final agendada.

Fui ao encontro de Morena e terminei o namoro, dessa vez sem qualquer ressentimento entre nós, sem choros convulsivos, apenas uma lágrima solitária molhando seu rosto, coletada com a mesma suavidade com que o toquei pela primeira vez. No outro dia, não nos falamos. Tive que passar a semana estudando com dois gostos amargos na garganta. Passei na média. Ao final de semana, já nos falávamos como amigos.

Na minha mente, uma pergunta martelava: "Como as pessoas não percebiam o absurdo daquele mundo?"

Estávamos cercados por um conjunto de unidades assistenciais tratando das doenças mais complexas da pirâmide dos agravos. Seres esquálidos se arrastavam pelas ruas, seu sangue descolorido pela inação dos rins. Tubos emergiam de seus pescoços, aguardando a próxima vez que seriam plugados em uma máquina de diálise. Outros ostentavam um furo no pescoço dando acesso anômalo à traqueia, falavam aos sussurros, emudecidos artificialmente pelas intervenções médicas.

Pessoas improváveis saíam das consultas com os especialistas, guardando resultados de laboratórios com níveis de hemoglobina, leucócitos e plaquetas inviáveis para mim, tendo todo o cuidado para não tropeçarem ou se infectarem, lutando contra um mundo que possui mais vírus por aí do que estrelas acolá ao céu.

Aqui há um homem que marcha carregando o fardo de metade do próprio corpo depois de um acidente vascular. Ali, um jovem cujo estalido da válvula metálica no coração se ouve sem ajuda. Mais adiante, claudicantes pisam o chão com os calcanhares protegidos por curativos grossos, escondendo a ferida que nunca sara, remediando o quanto podem, até o dia da cirurgia que consertará suas veias, por algum tempo.

No centro acadêmico, ao calor do meio-dia, os estudantes se desafiavam em jogos de sinuca e, ao final da tarde, com alguma bebida a tiracolo. De tempos em tempos, uma festa congregava os dispostos a se divertirem em danças desavergonhadas e relações furtivas. Carne e álcool se faziam de pão e circo para fazer-lhes aproveitar a juventude e esquecer o peso da lida. Os mais religiosos dedicavam-se à igreja, em entregas caridosas. Alguém da Antiguidade diria se tratar de Dioniso e Apolo, irmãos opostos, mas atrelados a uma mesma moeda, permitindo suportar as dores do mundo, entorpecendo ou enaltecendo o ego para dar conta de Hades sempre à espreita.

O estacionamento era sempre difícil por aquelas bandas. A população aumentara muito desde a época de papai. Flanelinhas se acotovelavam pelos territórios de vigília. O Bloco Didático, colado pelo quarto andar ao setor de cirurgia do hospital universitário, vivia com seu elevador capenga. Era melhor subir pelas escadas. Raros eram os auditórios com cadeiras confortáveis. Ao menos, todos já tinham ar-condicionado. O departamento de farmacologia e fisiologia, o mais aclamado cientificamente, fedia a ratos de cativeiro com suas rações.

Reconheciam-se os bolsistas dos laboratórios pela sua peleja de cuidar do biotério. Aquela dedicação valeria bons pontos curriculares e uma prestigiosa *network* futura. Do andar inferior do departamento de morfologia exalava formol conservando as peças. Um pátio de mangueiras separava o prédio da biblioteca do departamento de patologia, no qual os alunos se aglomeravam às sextas-feiras à tarde para a sessão de discussão de casos de recentes necrópsias, conduzidas pelo especializando e pelos monitores da disciplina.

Entre muitos, via-se um interesse sincero de aprender o máximo de medicina para cuidar bem de seus pacientes, e precisavam se submeter ao que mais lhes fosse proveitoso ao aprendizado.

No futuro, o tempo escasso em meio a muito trabalho não daria tanto espaço de preparação.

Sentado no anfiteatro da sala de necrópsia enquanto contemplava o auxiliar que serrava o crânio do defunto, o espírito abandonou o corpo, voltei no tempo e me contemplei adolescente, no segundo ano do ensino médio, estudando para passar no vestibular.

Estava sentado na mesa da sala de estar. Uma ampla mesa de vidro, com base de granito. Não me era costumeiro estudar ali. Por que o fazia?

O dia estava se pondo. Os últimos raios do sol alaranjavam um lugar ao meu lado. Era o sofá-cama que estava armado. Uma sombra tossia naquele sofá. Que sombra era essa? Por Deus, era a vovó! O tempo havia passado e eu tinha me esquecido daquilo.

Vovó teve câncer de pulmão àquela época. Nós a trouxemos para a capital a fim de providenciar o tratamento. Quando descobrimos a extensão do mal, já era irremediável. Papai a hospedou em nossa casa para cuidar da paliação, diminuir suas dores e minorar o sufoco que aqueles caroços provocavam. Ainda podendo andar sem ajuda, migrava entre os vários cantos da casa, tentando algum lugar mais confortável. Da rede ao sofá, do sofá ao meu quarto, do meu quarto ao quarto da empregada. Por fim, repousou do meu lado e tossia baixinho, com medo de me atrapalhar nos estudos. Eu queria fazer algo por ela e não sabia o quê. Pelo menos poderia ficar por perto, caso ela gemesse por socorro. Problemas de física nível três me feriam a mente, e aquela tosse espetava meu coração.

— A senhora precisa de alguma coisa?

— Não, meu filho. Estou bem — ela fingia.

— Se precisar, estou aqui.

Aquela senhora era toda a minha infância, o meu refúgio, a minha morada, a minha liberdade no período de férias. Foi proteção e moderação quando mamãe se enfurecia com as traquinagens. Foi guloseimas e afagos na barriga suada de tanto brincar. E depois de tudo, estava ali, com câncer... E escondíamos dela que ela morreria. Mas ela sabia.

Quando não mais conseguiu se levantar, refrescada por um cateter de oxigênio em suas narinas, quis sair da rede e não pôde. Meu irmão chegou bêbado em casa e, fora de juízo, quis removê-la nos braços. Ela era gordinha. Ele não pôde com ela, quase a derrubou. Antes de fazê-lo, ele mesmo caiu no chão, devolveu-a à rede e foi chorar no quarto.

Vovó passou a ver meninos pela casa, coincidentes com os momentos que sua dor amenizava. Uma moça bonita, segundo seu relato, vinha sempre às 18 horas rezar o terço com ela. Meus futuros professores diriam tratar-se de alucinações de um cérebro invadido ou intoxicado. Eu apenas agradecia a Deus por enviar o alento que nenhum de nós podia dar.

Vovó morreu à noite, quando o último dos irmãos chegou em casa. Pela tradição, colocamos uma vela em suas mãos e rezamos um pai-nosso seguido de uma ave-maria para que seu espírito encontrasse o caminho dos céus.

De repente, estava de volta à sala de necrópsia. O auxiliar já estava fechando o corpo com uma agulha enorme e linhas grossas. Toda a análise já tinha sido feita e os principais diagnósticos aventados na lousa. Teria sido apenas eu que havia viajado?

De onde vinha essa visão pessimista daquele mundo? Será que só agora eu estava aberto a viver o luto da minha infância, enterrada junto com vovó? Aquela faculdade me exigia crescer, resolver as feridas de menino e me levantar homem. Para conquistar essa virilidade sem me perceber, fui atrás do caminho contrário, voltei a ser criança, a partir de vivências que trarei no próximo capítulo.

No final das contas, todo o meu sonho da medicina havia viajado no tempo e se transformara em um confuso estranhamento.

25 DE MARÇO DE 2022

SENHORA DE CABELOS CURTOS[3]

Quando terminei a palestra, uma médium veio me dizer que uma senhora de cabelos curtos estava do meu lado, talvez uma avó. Ela não conseguia discernir bem a fisionomia. Enxergava mais a silhueta. De todo modo, era um espírito iluminado.

Como acredito nessas coisas, me arrepiei por inteiro. Fiquei feliz. Enquanto voltava para casa, pensava quem seria essa senhora de cabelos curtos. Será que deveria chamá-la para conversar mediunicamente comigo em casa? O problema é que não acredito em minha mediunidade quando ela se arvora a entregar respostas muito precisas. Ela é ótima para criar histórias, e para enxergar histórias guardadas no coração das pessoas. Estou aperfeiçoando-a para a leitura de mapas natais, mas nada de detalhes sobre eventos e pessoas específicas. Adiantaria de algo? Saber que há uma senhora de cabelos curtos iluminada já me basta.

Ou quase...

Seria minha avó? Perdi-a para o mundo dos espíritos quando tinha dezessete anos. Foi um processo doloroso. Câncer. A família decidiu fazer os cuidados paliativos em

---

3 DENIZARD, Allan. Senhora de Cabelos Curtos. Medium, 2022. Disponível em: https://medium.com/@allandenizard/senhora-de-cabelos-curtos-7ef-5565fe0f4. Acesso em: 21 de nov. de 2023.

casa. Era eu estudando para o vestibular, e minha vó ali, no sofá, inquieta com aquelas células desgovernadas saqueando seu corpo.

Eu não deveria me lembrar dela assim. É esse final que me vem à tona toda vez. E não os pães de queijo, sanduíches de ovo, bruacas, tapiocas e paçocas. Mas também deles, mas só depois. E lembro logo em seguida dos cafunés e de seu cheiro, de quem passava a manhã no fogão a lenha.

Seria ela? A imagem que a médium projetou para mim era de uma senhora esbelta e até mesmo maior do que eu. Minha avó era maior do que eu em estatura moral. Mais caridosa do que jamais conseguirei ser, mais submissa à vontade de Deus. Deixou um legado para nós: a imagem do amor que tudo acolhe e que sofre para nos resgatar. Não posso contar sobre o que é esse resgate, porque coraria as faces de um irmão caso viesse a ler este relato.

Bem, então, passarei a chamá-la de "Senhora dos cabelos curtos". Algum problema? Nenhum para mim. Sempre ao evocar esse epíteto virá vovó e a força dela, como a força de um orixá. A força de Nanã! Quando ouvi falar de Nanã, só consegui entendê-la porque me lembrei de vovó. "Só quem ama pode ouvir...". É preciso amar para entender. Ainda que não seja, sabemos que os espíritos carregam assinaturas que representam uma linhagem. Pois a partir de agora ela está aqui comigo. Sempre esteve.

Tenho-a mais consciente.

Sua presença é calmante. E ela traz uma inteligência segura. Ama as crianças e vela por elas, ainda mais as que sofrem nas noites quando os pais seguem esgotados a lhes acalentar. Ela toma os braços desses pais e ajuda a ninar seus meninos, seus muitos meninos, que ama vê-los engordando. A linhagem desse espírito, a das "Senhoras de cabelo curto", atua no mundo impulsionando o conhecimento que devemos ter de nossas crianças. Para que possamos amá-las com ainda mais esmero, com menos julgamento, mais compreensão, mais tempo e preguiça. As "Senhoras de cabelo curto" não descansam. Quando os pais estão no trabalho, vigiam seus netos. Sopram nos ouvidos de quem cozinha qual o melhor tempero para aquele dia. Quando um menino lambe os beiços e pede para repetir o prato, as "Senhoras de cabelo curto" riem uma risada gostosa, farta, satisfeita. Quando brigamos com suas crianças, ficam tristes em um canto da casa. Ainda tentam passar algum conselho para o pai, para a mãe, mas a raiva destes o repele. Às vezes são os irmãos que brigam, e quando brigam feio, elas choram. Pacientes, esperam o tempo mudar, e inspiram a reconciliação nos lares.

Essas senhoras têm cabelos curtos, mas, na verdade, são as pontas dos fios dos cabelos de Maria, aquela de Nazaré, que ainda hoje vela por todos.

"Senhora dos cabelos curtos, não me desampare!"

CAPÍTULO 2

TODA APARENTE DERROTA É UM CONVITE AO ALENTO

"Ninguém cruza nosso caminho por acaso e nós não entramos na vida de alguém sem nenhuma razão."

CHICO XAVIER

Depois daquela primeira avaliação final, passei a bater ponto nelas em quase todas as matérias. Hoje, repito uma anedota toda vez que me lembro do fatídico segundo semestre. Na nossa última confraternização de Natal da turma, antes de se separar para o internato, um colega asseverou que, no segundo semestre, tinha ficado de avaliação final em todas. Eu me levantei em protesto e disse: "Mentira, teve uma vez que não lhe vi lá!".

Nenhum daqueles alunos da faculdade eram maus alunos. Todos haviam sido os primeiros nas turmas dos grandes colégios da cidade. Do primeiro lugar ao centésimo septuagésimo quinto no vestibular, todos éramos inteligentes e dedicados. Tínhamos disciplina nos estudos. Alguns ali estavam cursando a segunda ou terceira faculdade. Outros haviam investido tempo para além da escolaridade habitual, em cursinhos preparatórios, para galgar aquele patamar. Onde eu estava errando?

No começo de cada disciplina, corríamos à biblioteca para batalhar pelo exemplar do livro de referência recomendado, que eram poucos e defasados. Alguns livros mereciam constar em nossas estantes para sempre, por serem básicos e cujo conteúdo raramente se modifica. Os de anatomia, por exemplo. Outros, porque o colorido de suas páginas demandava o original, como os das lâminas de histologia. Tínhamos acesso a cópias de páginas específicas da maioria. A grande salvação morava nos cadernos da turma. Algumas pessoas, por mais que o professor dissesse: *"Não precisa copiar, eu deixarei uma cópia desses slides com vocês"*, não se contentavam e taquigrafavam os principais comentários do professor.

Ora, o professor fazia a prova conforme o que melhor enxergava do conteúdo. E essa forma de enxergar estava em seus comentários, portanto, nos cadernos. Demorei para aceitar a usar os cadernos. Pensei que poderia ficar me desgastando nos tratados. Quando os tratados pesaram sobre minhas derrotas, tentei os livros básicos. Quando nem os básicos eu lograva assimilar, fui para a coletânea "*for dummies*", mas estas eram rasteiras demais, quase desenvolviam um pouco mais os sumários. Acolhi os cadernos. Esses bichinhos davam norte e iluminavam passagens. Ah! Os cadernos da turma! Nunca deixe de premiar a pessoa do melhor caderno da turma na Aula da Saudade, aula tradicional e festiva da última semana antes da formatura.

De outro modo, havia o tempo certo de estudar. Alguns funcionavam melhor no almoço. Comiam muito pouco e passavam aquelas duas horas em bom foco, com alguma hora adicional em casa. Outros são melhores estudantes de casa, no conforto de seu escritório de sempre. Outros ainda são noctívagos. Dormiam tão logo chegavam no lar, acordavam às três da manhã e ali já começavam seu dia. Perdiam todo o contato com a família até a sexta-feira, quando se permitiam alguma diversão. Tinha deles que nem no final de semana descansavam. Pareciam ter o estudo por lazer.

Eu tentei todas as formas. Ficar sem falar com meus pais e alguns amigos ao chegar em casa se mostrou insuportável para mim. Precisava também assistir alguma coisa para espairecer antes de estudar, por vezes assistia demais. Outras, me pesava o sono, prometia a mim mesmo dormir apenas um pouco antes de estudar. Ao me levantar, já era outro dia. Vivia os finais de semana sentindo que nunca havia estudado o suficiente. Em determinado período, frequentei a biblioteca pública estadual, buscando criar uma rotina naquele espaço, onde não teria nenhuma distração entre mim e os livros. Essas distrações nunca desapareceram e nunca deixaram de ser sedutoras.

Conheci pessoas dos semestres superiores aos meus que dividiam desabafos e formas de sobreviver à faculdade. Uma amiga me falou certa vez da assimilação pelo subconsciente subliminar, onde armazenávamos as informações mesmo quando estávamos dormindo. Um amigo me falou da memória auditiva. Outro se utilizava do recurso de repetir o que o professor falava em voz baixa ou ainda em uma fala íntima, e havia também quem estudasse dando aulas para o vazio. Tenho para mim, mesmo depois de ter lido especialistas sobre foco e estudos, baseados em neurociência, que esses padrões de aprendizado estão associados a temperamentos e personalidade, sem contar os bloqueios que trazemos de nossa própria história.

Não é que eu não estudasse, mas é que naquele momento da vida as ciências biológicas passaram a me interessar menos do que as humanas. No caminho dos livros de clínica médica, esbarrava com uma estante de pedagogia, sociologia, antropologia e filosofia, que me fisgavam. Tomava um deles e deixava ali ao lado do tratado de medicina para ler quando o cérebro estivesse cansado de tantas doenças.

Eu sempre fui crítico e aprendi a estudar conectando a lógica do todo mais do que decorando as unidades. Aprendi até demais e, então, um mundo novo de detalhes se apresentava aos meus olhos, a maior parte desconexos entre si, sem qualquer doutrina que pudesse unificar o olhar. Tanto pior quando me diziam que toda aquela fisiologia matemática revelada *in vitro* poderia não corresponder quando partimos para *in vivo*.

Dos veteranos, uma moça, do semestre adiante ao meu, aproximou-se com algumas dicas. Ela parecia ter o intento genuíno de ajudar. Ela trazia uma fala de experiência de quem já tinha sofrido com tudo aquilo, de quem já buscara muitas respostas e, principalmente, de quem já tinha encontrado algumas. Todas essas dicas partiam de lábios grossos, com batons suaves e maquiagem sóbria. Andava entre os prédios sempre com um livro a tiracolo a esconder o busto. Seus olhos castanhos tinham a beleza amplificada pelos óculos. Vestia sempre variantes de uma saia jeans. Era filha de um dos maiores pesquisadores do campus de bioquímica. Nascera na França, onde seu pai se doutorara, mas fora criada no Brasil. Era tida como negra para os moldes dos sulistas, mas aqui, no Nordeste, era de um bronzeado claro. Quando dei por mim, ao lado dela eu estava em paz. Contava os minutos para sair das aulas e poder ouvi-la. Ela acolhia minhas queixas de forma compreensiva. Quase tudo pelo que eu passava, e a minha percepção de que aquele mundo estava quebrado, ela compartilhava. Descobri que ela também era espírita. Havia conhecido a religião fazia pouco tempo, mas se encantara. Aos domingos, ela ensinava as sabedorias evangélicas às crianças. Esbarrava com ela nos corredores do centro espírita, eu, junto aos jovens do teatro, ela, em meio à criançada, para quem tinha uma aura de mãe.

Voltávamos de ônibus, juntos. Ela descia sempre antes de mim. Sentia que havia uma correspondência entre nós.

Chega um tempo em que o silêncio dá margens
para o corpo, os olhos se cruzam e parecem se
despir, revela-se um caminho para a alma.

A respiração foge do habitual. É engano, pode não ser em nós, não haver um "nós". Eu precisava tirar essa dúvida e fui ao centro cultural próximo a minha casa, onde amigos e casais desafiavam o tempo e a sociedade industrial na preguiça das paixões embaixo ao planetário. Convidei-a para sair. Ela foi sem relutar. Chegou em pouco tempo. Foram apenas três diálogos. O primeiro não queria dizer nada. O segundo enunciava o que o terceiro queria dizer. O terceiro não pôde ser completado porque nos calamos em um beijo demorado e quente. Era o seu primeiro.

Moça, como a chamarei, esteve comigo por dois anos. Ela conhecia da cidade mais que eu, e tinha mais amigos.

Passei a frequentar seus círculos e a passear por diversos cafés. Da faculdade, passamos a trocar apenas os desabafos. Não estudávamos juntos porque eu a atrasaria, e das minhas ciências básicas ela já não mais se lembrava dos detalhes cobrados em provas. Íamos para os eventos de nossa religião. Eu enfim estava do lado de alguém que parecia me aceitar por inteiro.

Cheguei ao quarto semestre, enfrentando a inaugural cadeira de semiologia, onde finalmente entrávamos em contato com os pacientes do hospital. Pensei que tudo na faculdade mudaria, e o meu gosto por aquela medicina enfim se acenderia.

> Conhecer os sinais com os quais o corpo denunciava a sua falência era interessante, mas as informações eram tantas e tão simultâneas que não havia tempo para sequer saborear.

Certa vez, ouvi dizer que a faculdade era um momento para se familiarizar com os sumários, para sabermos onde deveríamos pesquisar o que fosse da nossa suspeita. Que seja! Esses sumários corriam ligeiros, como ligeiro foi o dia em que quase destruí o carro de papai, depois de acordar atarantado vindo de uma noite de estudos na casa de um amigo. Não bebemos. Era sono, susto, desespero de talvez enfrentar mais uma avaliação final. Toda avaliação final parecia querer me derrotar para não mais me levantar. Papai não se enfureceu com o carro desalinhado, nem com o aro empenado. Estava feliz por me ter vivo, vindo de uma noite de estudos.

O velho depositava uma grande confiança em mim, e se felicitava por eu estar trilhando os mesmos passos que ele. Dos sete filhos que teve, eu era o único que havia escolhido sua profissão, da qual se orgulhava muito, na qual tivera muitas aventuras e aprendizados. Ele me dizia que o meu jeito de ser e meus sonhos coadunavam com a medicina. Eu comprara essa sua percepção. Fizera dela a minha. E estava ali, envergonhado mais por ele não saber de nenhuma das minhas derrotas na faculdade, eu escondia todas elas, do que por ter dado certo prejuízo no carro dele.

Era difícil competir com papai na excelência cognitiva. Ele levou a faculdade em uma época em que se cobrava muito mais decoreba do que hoje, já pai de três ou quatro filhos, tendo que trabalhar para sustentá-los e ainda passar nas provas. Ele me contou que, na época da cadeira de anatomia, chegou a conseguir, não me lembro por quais vias, ossos de cadáveres exumados para estudar seus relevos anatômicos em casa. Quando se mudou da casa em que fazia esses estudos macabros, a polícia chegou a bater lá por causa dos tais ossos que ele havia arquivado no fundo do quintal. Os investigadores descobriram que se tratava de um estudante de medicina tenente da polícia militar e o perdoaram por aquilo.

No meu tempo, o mais próximo que se fazia disso era se candidatar a monitor de anatomia e ficar alisando as peças anatômicas, revezando o olhar com o atlas nas horas que outros tiravam para almoçar.

A prova não foi ruim, mas foi dividida em partes. Em uma das partes, a de patologia básica, não passei. Então, antes da tal avaliação final, fui para a chamada avaliação específica, na qual não obtive êxito, sendo empurrado, aí sim, à avaliação final, onde dessa vez reprovei por muito próximo da média, sendo conduzido então para uma repescagem com nome de segunda chamada.

Por ser aluno isolado na prova, não fazendo sentido me expor a mais um punhado de questões escritas, e por se tratar de uma prova que trabalhava com assuntos de anamnese e exame físico, o professor decidiu me dar a chance de escolher um paciente do hospital universitário, a fim de que coletasse sua história e trouxesse para ele os achados semiológicos, sendo então sabatinado nas diversas nuances do caso. Titubeei em mais de dois terços das respostas.

Condescendente com meu nervosismo e não querendo manchar meu currículo, o professor decidiu me dar mais uma chance após duas semanas de estudo, o que consumiu todas as férias. Nessa, por assim dizer, segunda chamada de segunda época, eu passei. Ainda lembro dele me chamando à sua sala para fazer as perguntas finais:

— Cite cinco características semiológicas da dor.

— Localização, intensidade, frequência, irradiação, fatores de melhora e piora.

— Muito bem! Você não precisa saber disto que vou lhe perguntar, já seria assunto do próximo semestre. Mas saberia me dizer a que doença corresponde o sopro que você ouviu no coração daquele paciente?

— A uma estenose aórtica. — Eu havia lido ao acaso sobre aquilo no mesmo dia antes de ir para a sabatina.

— Excelente! Agora, me diga uma coisa: o que fez com que você chegasse a tal ponto na faculdade?

Eu hesitei um pouco. Lembrei das minhas leituras críticas de pedagogia e comecei explanando sobre os defeitos do sistema de ensino, sobre os impasses curriculares. O professor me cortou.

— Raros são os alunos que chegam nesse ponto em que você está. O sistema de ensino está errado só por causa desses raros?

Senti como se tivesse dado mais uma resposta errada. Mas, dessa vez, não precisava dar qualquer resposta. Aquilo não valeria ponto. Seria apenas um comentário qualquer.

— Não sei, professor. Talvez tenha me enganado com o encanto. Desde o primeiro dia da faculdade, me sinto desencontrado. Ignoro o motivo do brilho nos olhos dos colegas que se apegam a essa ou aquela matéria. Estranho a dedicação dos que se sacrificam para esta ou aquela liga.

— Talvez não tenha chegado sua hora, ou talvez aqui não seja mesmo o seu lugar. E isso não é um pecado, é uma escolha.

O diálogo acabou ali, mas deixou marcas. Cheguei soturno ao carro de Moça. Seu pai havia lhe emprestado o Celtinha naquele dia.

— Você quer sair para esfriar a cabeça? — ela me convidou.

Neguei com a cabeça.

— Você está bem?

Repeti o movimento.

— Você quer conversar? Sei que deve ter sido difícil.

Neguei novamente. E desse último balançado escapou uma lágrima. Moça deitou a minha cabeça em seu colo, permitindo ainda mais lágrimas. Ela beijou meu rosto, enquanto eu chorava minhas frustrações. Não queria ter demonstrado fraqueza. Mas ela o permitiu e deu margens para ser. Na verdade, eu relutava em estudar com ela não apenas para poupá-la, mas por orgulho. Nunca fui de ser ensinado. Eu ensinava a muitos no meu ensino fundamental. Para tirar dúvidas com alguém, era preciso que me convencesse de quão superior aquela pessoa era naquela área do conhecimento, sempre resguardando-me de que em outras áreas eu o era mais.

Não sei até que ponto meus estudos em ciências humanas eram para me colocar em destaque diante dos outros que se entregavam apenas às ciências estritamente médicas. Sempre me aprouve estar em destaque sobre um palco.

— Vou largar tudo o que não for medicina para me focar absolutamente aqui — disse a ela em um rompante.

— Tudo o quê?

— As atividades extracurriculares.

— Mas o que você faz no final de semana é um respiro.

— É uma distração. De agora em diante, minha vida será isto aqui, estes livros, cadernos, notas, apostilas. Nada além.

— Isso não lhe fará bem.

— Isso me fará médico.

— Um médico não se faz só com isto que tem aqui. Ouvi um professor falar que o médico que só sabe de medicina nem de medicina sabe.

— E um médico que não sabe medicina?

Moça se calou. Um semestre passou comigo imerso naquele mundo. As olheiras já estavam nítidas. Os sorrisos menos frequentes e o olhar mais sisudo. Despedira-me de vez do teatro da juventude espírita, e não me permiti entrar no da faculdade. O círculo espírita do qual participava ativamente como voluntário me desejou sucesso na empreitada e, assim como todos na sociedade parecem crer, repetiam que "medicina é assim mesmo, dedicação exclusiva".

Esforçando-me por assimilar as novidades das primeiras especialidades que nos apresentavam: da cardiologia, toda a hidráulica dos vasos e os traçados da sua cartografia elétrica; da pneumologia, a equação das capacidades pulmonares, os gráficos da respiração, as pressões relativas dos gases misturados ao sangue; da gastroenterologia, o circuito-porta do filtro hepático, a vulcânica usina estomacal e os mais diversos pontos de degradação da comida para sua posterior assimilação: do outro mundo vivo que carregamos em nós, o microbioma intestinal, e aquele outro que nos rodeia, onde nele somos e nos movemos.

Uma noite, estudava na casa de mais um amigo, o rei do foco. Chegou e disse: vamos só tomar banho e começar. Assim o fizemos até o jantar ficar pronto. Parar, jantar, digerir e recomeçar. Trinta minutos depois: parar, cinco minutos, recomeçar. Uma hora finda, ele concede um espaço maior de intervalo. Foi tocar violão, e eu, bisbilhotando seus livros.

— Nossa, Cecília! Você gosta? — perguntei

— Nem sei. Foi algum trabalho do colégio. Deixei aí.

Abri a esmo e fui lendo algumas poesias escolhidas.

— Olha que propício, há uma poesia de nome "Anatomia"!

— O que diz?

Eu li o poema de Cecília Meirelles em voz alta, destacando o trecho:

"É triste ver-se que de repente se imobiliza
esse sistema de enigmas,
de inexplicado exercício,
antes de termos encontrado a alma.
Pela alma choramos.

Procuramos a alma.
Queríamos alma."
(Cecília Meireles)

Meu Deus, pensei comigo, *onde deixei a minha?* Não consegui mais prestar atenção aos estudos.

Estava no quarto de Moça, outro dia, perdido em pensamentos.

— O que foi? Você não parece estar aqui — ela me chamou de volta.

— Você tinha razão. Cortar minha arte não melhorou meu desempenho na medicina, só me fez um estudante amputado.

— Volte.

— Não quero. Não tenho mais vontade. Não posso. Já me despedi de lá. Seria um retrocesso.

— É orgulho. Qual o problema em reconsiderar?

— Não é orgulho! — falei com raiva. — Ainda que esse investimento não tenha dado certo, não dará mais certo se eu voltar a me dividir. São duas ações opostas em ambientes totalmente diferentes. Lá é como se eu estivesse fugindo daqui.

— Você estaria se retemperando.

— Não era o que eu sentia. Parecia mais um esgarçamento. Um puxa a alma, outro o corpo, acabo abandonando tudo.

— Por que você não sai da faculdade? Tenta outro curso. Você pode trancar por dois anos, eu acho.

— Não há tempo.

— Como assim? Você tem 21 anos.

— Meu pai tem 73. Já sofre das coronárias. Este projeto aqui também é dele. Estaria sendo egoísta se desistisse.

Moça nunca terminava os diálogos. Sempre a última argumentação era a minha. Nossas desditas na busca de finalizar aquela graduação eram tão similares que por vezes eu via em seus olhos as minhas dores. E quando ela me propôs trancar para me encontrar em outros lugares, poderia ser a minha, uma experiência dela que ela mesma não tinha coragem de encarar. Se eu sobrevivesse, quem sabe ela.

Descobrimos um lugar tranquilo para descansar no almoço. Era no último andar do prédio da coordenação, ao lado de um grande auditório de reunião dos professores. Um grande pátio que dava para uma visão ampla do campus. De cima, aquele lugar parecia ter vida. Pacientes alquebrados indo e vindo dos ambulatórios, cortando caminho por entre os departamentos de ensino. Entrando cabisbaixos e saindo revigorados por alguma esperança que o medicamento recebido ou o curativo renovado lhes dava.

Todos os estudantes ali formigavam entre reuniões, amadurecendo na medula das salas, para um dia poder ajudá-los. Passagem de sonda vesical, punção de veias, sutura de feridas, colocação de espéculos, visualização de otoscópios, oftalmoscópios, colposcópios, orquestrava-se um sem-fim de métodos para amplificar os sentidos daqueles futuros profissionais.

Flanelinhas sinalizavam os espaços que poderiam ser ocupados pelos carros que voltavam do almoço. Homens e mulheres de jalecos rumavam decididos aos seus postos. A tarde começava. Moça despertara de um leve sono ao chão. Tomei sua mão para voltarmos às aulas. Descemos as escadas. Logo na saída do prédio, dei com um amigo que me alugou um tempo:

— Estava procurando você — disse ele.

— Aconteceu algo?

— Ainda não. Quero que aconteça. E preciso de você.

— Como assim?

— Eu estive em um encontro de estudantes de medicina em Londrina. Apresentaram um projeto de palhaços em hospitais conduzido pelos próprios estudantes. Eu decidi trazer aquilo para cá. Mas eu não sei nada de teatro. Me disseram que você tem alguma experiência. Falei com pessoas do teatro da faculdade que não mostraram grande interesse. Vou começar esse projeto de qualquer jeito. Seria mais fácil se tivesse alguém como você ao meu lado.

Moça arregalou os olhos e apertou forte minha mão.

— Eu não posso, preciso focar nos estudos.

— Ninguém estuda todos os dias nas horas do almoço — continuou a me negacear. — Precisamos de um tempo para nos organizar, captação de pessoas, um treinamento, abrir o projeto na pró-reitoria de extensão e depois colocar a mão na massa. Ou colocar mesmo antes, e deixar isso tudo correr em paralelo.

Ele já tinha tudo desenhado, o Doutor Zão. Seria esse seu nome de palhaço. O Zão era decidido. Quando ele colocava uma coisa na cabeça, arregimentava uma equipe forte. Tinha uma piada sempre pronta quebrando o gelo das relações e a seriedade dos debates. Não era de filosofar. Adorava projetos. Já estava envolvido com três deles na faculdade e queria fundar mais um. Deixar sua marca.

— Você tem que ir — disse Moça.

— Não me diga não agora. Muitos já disseram. Pense um pouco.

— Ele vai pensar — ela assegurou, apertando ainda mais forte minha mão e me olhando com um tom severo.

Zão saiu na frente.

— Você está louco? Vai perder essa oportunidade? — Moça começou.

— Eu acabo de dizer para você que essas brincadeiras me custam caro aqui na faculdade e você insiste nesse ponto.

— Isso não é brincadeira, é arte. A arte que você deixou de lado, mas que volta para você aqui no meio da faculdade. Qualquer problema para ser resolvido será em algum lugar entre esses prédios. O que custa tentar?

— Fracassar. Fracassar ainda mais. Isso dói.

— O Zão estará com você. Eu estarei com você. Não existe certo ou errado, não há gabaritos nem provas para se iniciar um projeto. Basta começar e não deixarmos cair.

Ela deu a última palavra dessa vez. Logo mais, eu concordei com Zão. Moça daria o nome de Florisbela para sua palhaça. Florisbela havia me vencido.

Estava frente a frente com a psiquiatra que presidia o projeto da faculdade em prol da saúde mental dos alunos. Havia marcado uma consulta com ela, estimulado por Moça. Ela fazia esse serviço de forma voluntária para os estudantes que se viam sob tensão. Narrei sobre meus méritos desde sempre nos colégios e o inverso na faculdade. Imprimi uns textos de um blog que alimentava chamado

"Desmedicina", encadernei-os e lhes dei para ler. Ela leu alguns. Pelos textos, já estava com a caneta na mão para me receitar algum antidepressivo.

Pediu-me para narrar um pouco mais sobre minhas experiências das atividades fora da faculdade. Comecei narrando as aulas que dava para crianças, as peças em que havia redigido o roteiro, dirigido e apresentado. Meus olhos fulguravam enquanto relembrava daqueles momentos. O rosto se erguia, a coluna se endireitava como um remédio que fosse escorrendo das lembranças pela medula espinhal, revigorando os membros, agitados ao falar. Depois, vieram a faculdade e as sucessivas frustrações, os abalos, a tortura das derrotas. Concluí:

— Sou um fraco, doutora.

E, como o viajante de um país desconhecido que vê com olhos diferentes aquilo que para a gente foi sempre o mesmo, ela devolve para mim:

— Você é um fraco, ou tem uma força diferente? Porque não é um fraco que vejo nas suas narrativas de antes da faculdade. A medicina é enorme e me parece que você ainda não encontrou seu lugar.

Era o aval de uma autoridade daquelas que eu estava esperando. Um calor diferente temperou meu peito. Aquilo que iria assumir com reservas, passei a olhar com carinho. O projeto de palhaçoterapia esperava por mim. Vozes surgiram na mente:

— Mas isso não é medicina. — Esse era o anjo mau.

— Medicina é muito mais do que se pensa. — Esse, o anjo bom.

— É preciso ter bases sólidas na ciência para se permitir a essas brincadeiras.

— É preciso levar a si mesmo menos a sério para quando cair poder se levantar.

— Nas provas não cairão as técnicas de palhaço.

— Mas que bênção ter um palhaço que se quer doutor!

— O palhaço, então, valerá mais que o médico.

— O médico valerá ainda mais porque é palhaço.

— É uma empreitada arriscada. — Começa a ceder o anjo mau.

— Para todo aquele que tentar enfrentar o novo para além do próprio abismo da mesmice de sempre.

— Você não tem jeito, anjo bom!

— Graças a Deus, você sim. Sente aqui e assista ao que vai acontecer.

Dediquei-me por um ano e meio ao projeto de palhaçoterapia. Logo de início, Zão me propôs a liderança. Teria sido mais óbvia em suas mãos, mas ele não tinha tempo nem experiência em artes cênicas. Ele mesmo me dizia que gostava de ser a sombra que permite o jogo acontecer e não estar sob os holofotes. Eu já não trazia a sua praticidade, porém me enchia de poética.

Criei um novo blog, onde fazia o diário das visitas e refletia sobre o que fazíamos. Instituí as reuniões burocráticas organizadas em esquemas nas lousas. Dei o melhor de mim nas oficinas preparatórias. Participei de todas as reuniões, levantei o ânimo dos colegas. Idealizamos o processo seletivo *sui generis*. Espalhamos a notícia do que fazíamos para os demais estudantes.

Meu nome de palhaço era Acerola. Vesti-me todo de preto com um mísero gorro jamaicano na coroa e uma gravata laranja extravagante atravessada no pescoço. Conseguimos uma pequena sala com a coordenação. Nela, nos fantasiávamos e partíamos para o hospital. Sob as vestes de palhaço, permitíamos muito mais interações com as pessoas, que por sua vez, devolviam-nos acenos gratuitos e sorrisos sinceros.

Idosas em suas cadeiras de rodas nos convidavam para trocarmos de lugar com elas. Maqueiros nos carregavam em suas macas. Cozinheiras nos davam merendas. A ala de pediatria nos abraçou como a atividade que faltava. Um professor que passava a visita nos apontou como essencial. As crianças nos quiseram tanto que inauguramos visitas aos finais de semana. O projeto chegou a ter vinte estudantes-palhaços que se revezavam para ter visita todos os dias na hora do almoço. Houve quem fizesse mais de uma vez por semana e mesmo depois de acabado o turno das aulas. Um dia, demos para visitar faltando uma hora para o Ano-Novo.

Estudantes de psicologia, odontologia, enfermagem e fisioterapia somaram-se ao grupo a cada semestre. Após a visita, eu entrava esbaforido nas aulas, tendo resquícios de maquiagem no rosto e o corpo quente das brincadeiras que não saíam da memória. Vez ou outra abria um sorriso na sala, discreto, mas estava ali, um sorriso espontâneo no canto da boca. Não poderia ser do professor, que apenas ensinava sobre fraturas das comitivas às transversas. Eram, outrossim, das travessuras de travesseiro atravessadas nas travessas do hospital. Havia os reticentes com a confusão que trazíamos. Dávamos vazão às relações impuras entre os zelosos de assepsia. Convidávamos os meninos para longe dos leitos em fugas e rebeldias.

Todavia, eu não tinha essa coragem toda que dão a entender esses relatos. Apesar de arrancar sorrisos, Acerola era um menino desengonçado. Temia quase tudo e de tudo se assustava. Seus primeiros passos eram trôpegos. E em todo início de relação começava pisando em ovos.

Apesar de toda essa dedicação, sempre guardei um temor de que pudéssemos estar fazendo algo errado, de que talvez não devêssemos estar ali. E estas linhas são inconfessáveis.

Aqueles que eu liderava nunca haveriam de imaginar que seu presidente inaugural fosse o que mais temia que tudo aquilo não desse certo.

Moça vivia tendo ideias para expandir o projeto, que passou a ser a menina de seus olhos. Eu sempre relutava. Quis fazer visitas na enfermaria de cirurgia. Eu temi o azedume dos cirurgiões. Quis me levar para a geriatria. Eu relutei pela fragilidade dos idosos. Quis abrir as portas da psiquiatria. Eu achei aquilo uma loucura. E apesar das minhas resistências, o projeto cresceu no rastro dos sonhadores. Pelo menos não deixei de registrar aquelas conquistas em poesias.

Das novidades com que Moça me desafiava, veio seu desejo de fazer residência em São Paulo ou em qualquer outro lugar longe dali. Eu não queria sair do meu lugar. De não em não, Moça um dia surgiu com o término do namoro. Eu não entendi. E as poesias que lhe fiz? Achei aquilo uma loucura. Relutei pela minha fragilidade sem ela. Temi o azedume em que eu cairia. Perderia a menina dos meus olhos. Mas ela estava decidida.

Evocando todo esse passado em algumas páginas, é possível entender os motivos de Moça. Até pouco tempo, isso era uma incógnita para mim, tendo gastado sessões inteiras de terapia para nada esclarecer. Moça não falara os motivos. Entregara a Deus o sofrimento. Saiu do nosso relacionamento sem olhar para trás.

Era quase o final do período em que as aulas teóricas terminariam para sempre e ingressaríamos nos dois anos finais de estágios ininterruptos nas unidades de saúde, o internato. Apesar desse reencontro com minha arte amputada, não melhorei meu desempenho, passando arrastado de semestre em semestre.

Farta cabeleira, barba por fazer, olhava e não olhava para a terapeuta sem ter mais o que falar. Ela respeitava meu silêncio. Meu pai havia me questionado por que tanta terapia. Quais avanços ela estaria tendo em me curar da tristeza? Papai foi menino de engenho. Veio à capital para estudar, porque "levava jeito para a coisa". Chegou na época em que os soldados brasileiros voltavam da segunda grande guerra. Foi da polícia militar, alcançou ser tenente-coronel. Teve três casamentos, cinco filhos antes de mim e de minha irmã. Aposentou-se como médico de um sertão *brabo*, tendo largado os cargos que tinha na cidade grande para ir cuidar de uma cidadezinha solitariamente.

Por que diabos eu estava pensando na magnânima história de papai em meio à minha terapia? A história é dele, não é minha. Ele quer impor a história dele sobre mim. Não pode! Tenho que me construir. O silêncio da terapeuta funcionara. Havia encontrado minha resposta. Deveria sair da faculdade de medicina.

Era uma sexta-feira. Saí dali para encontrar amigos no centro cultural, o mesmo em que sob o planetário dera o primeiro beijo em Moça. Não eram amigos da medicina, mas das artes. Fomos assistir a uma peça de uns atores profissionais que exerciam a palhaçoterapia como ganha-pão em hospitais do Rio de Janeiro. Ao final, analisávamos suas atuações, seus estilos, os adereços, a harmonia da maquiagem que mesmo deixando o rosto vultuoso transparecia certa harmonia. Uma coisa ninguém percebeu: o raio X que ficou exposto o tempo todo no cenário estava ao contrário. O coração estava virado para a direita. Ninguém acreditou na minha observação. "Ora, perguntemos para os atores!", desafiei.

Uma menina que eu não conhecia tomou a dianteira e foi aos bastidores. Não teve qualquer dificuldade em entrar. Parecia conhecer todos ali. Voltou com a confirmação. O coração tinha sido colocado de propósito para a direita. Era o símbolo dos palhaços pervertendo a norma dos hospitais. Quem era aquela menina que trazia a intimidade com o mundo no sorriso? Seu nome parecia com o da mandala das encarnações sem fim dos seres sencientes do budismo: Samsara. Em virtude do que ela me fez passar por toda a semana que se seguiu, a denominarei de Maya, a deusa feminina hindu, personificação da ilusão sedutora do mundo.

Na primeira noite, Maya me escutou por inteiro. Senti-me desejado. Na segunda noite, trouxe-me ao seu lado, apresentando-me aos amigos, todos desconhecidos por mim. Na terceira, dançamos só eu e ela. Na quarta, como me percebendo já dela, distanciou-se de mim e dançou sozinha em frente ao palco dos jovens que tocavam agora para ela. Dominou as conversas de todos os círculos, gargalhou, e me levou consigo. Senti-me um pobre diabo, menino de prédios flertando com uma mulher cigana. Na quinta noite, embriagou-me os sentidos, eu me eximi das conversas, o ciúme me atacou e a raiva me emudeceu. Na sexta noite, ela me acalmou em seu corpo. Na sétima, ela desapareceu. Nunca mais a veria. Maya.

Na oitava noite, cheguei para meu pai e disse ter assunto sério para tratar com ele.

— Não quero mais ser médico.

O silêncio pesou o ar do cômodo.

— E o que pretende ser daqui por diante? — questionou-me o velho.

— Não sei do amanhã.

— Vá dormir. Está cansado. Entendo a dificuldade de tudo. Amanhã nos falamos.

Apaguei no meu quarto ainda com o gosto de Maya na boca. O outro dia me trouxe papai contra o sol. Aquela visão ardia. Em pouco tempo discernia sua face.

— Você se lembra de ontem? — principiou.

— Sim.

— Sei que já tem idade e poderia seguir a própria vida daqui. Mas tenho ainda mais idade e vi muito sonhador dar com os burros n'água. Você está em uma encruzilhada. Permaneça na medicina e terá o meu apoio. Do contrário, seguirá sozinho.

Desisti de desistir da faculdade.

As conversas que tive com meu pai me marcaram muito em diferentes momentos da vida. A verdade é que papai sempre foi presente, talvez porque já estivesse no final da carreira ao nos ter. Quando criança, lembrava de sua volta do interior onde trabalhava. Chegava anunciando-se com assobios. Ninguém fazia igual a ele, era sua marca. Ao ouvir, já corria ao seu encontro em um grande abraço. Ainda lembro do toque de sua pele suada, o beijo que me dava no rosto. Vinha vestido com uma camisa de linho branca, uma calça cinza ou marrom, sapato discreto de couro, trazendo uma maleta na mão. Tomava banho e se esparramava no colchão.

Sua vida era acompanhar as notícias nos telejornais, na rádio e no papel. Imaginava que assim estaria livre de uma visão parcial. Nas horas vagas lia, não tanto mais medicina, cujos estudos se resumia, nessa fase da vida, em tirar dúvidas nos bulários, mas principalmente história. Era aficionado por história do mundo. Tinha coletâneas completas, biografias e títulos específicos sobre assuntos especiais.

Era sempre o primeiro a acordar e o último a dormir. Tirava seus cochilos durante o dia. Mamãe, por ter de gerir a casa e cuidar de dois meninos briguentos, acabava por nos ameaçar com punições. Quando papai estava em casa, ela não conseguia, porque nos escondíamos entre suas pernas.

Quando estávamos relaxados no domingo, assistindo juntos no quarto deles, por exemplo, à Escolinha do Professor Raimundo, repousava minha cabeça em sua barriguinha. Por vezes, me vergava sobre ela e a soprava fazendo barulhos de flatos, e assim ficava por largos minutos.

Quando íamos de férias para o interior onde ele trabalhava, eu tinha orgulho de ele ser meu pai. Todos na cidade o conheciam e lhe pediam favores. Eu era apontado como seu filho e paparicado por senhoras mais velhas. Ganhávamos de tudo daqueles que retribuíam os serviços médicos de papai sem dinheiro: de bolo à capote.

Na adolescência, quando já não mais conseguia me ensinar a matemática do ensino médio, comecei a me sentir superior a ele. Corpo virilizado, voz grave, me veio um asco em beijá-lo, porque isso não era coisa de homem. Quando a religião quis adocicar minha forma, ainda pensei em voltar a fazê-lo, mas desistia no meio do caminho. Não era falta de amor, era só machismo. Mas ele respeitou.

Cada vez mais aquele homem foi ficando menor para mim. Seus conhecimentos eram apenas práticos e funcionais, não tinham crítica. Ele tinha infindos dados históricos na cabeça, mas não sabia a chave interpretativa da "nova história". De que vale saber as 34 estrofes do "Navio negreiro" de Castro Alves de cor se não tem a tônica para criticar os opressores? Às vezes eu falava com ele com desleixo, mantendo o tom sério. Ele não imputava isso à adolescência, mas supunha que eu teria sido seu pai em uma encarnação passada, e ria dessa possibilidade.

Era brincalhão conosco. Fazia trocadilhos com tudo. Mas era tímido também. Nunca quis fazer encontro de famílias com nenhuma das minhas namoradas.

Antes da minha mãe, não, mas depois, passou a cuidar da saúde com afinco, por ela estimulado e vigiado até. Ouso dizer que o hábito da caminhada foi por ele inaugurado na cidadezinha onde trabalhava, principalmente porque os pacientes sempre viam seu exemplo, religiosamente circulando em torno da nossa casa todos os dias em dois horários.

Nossa casa do interior era cheia de árvores, e apesar de estarmos em meio a um clima quase desértico, um pé de laranja-lima deu de nascer ao lado do tanque onde crescemos sendo banhados. Acho que o danado aproveitou a lama que escorria de nosso corpo. Ao final da caminhada, papai parava para admirar aquele oásis.

Apesar desse crescimento em altura, já estava mais alto do que ele, em força, já conseguia derrotá-lo na queda de braço, em largura, era fácil guardá-lo em meus braços, e em pretensa inteligência, eu sabia de matriz, trigonometria e cálculos de circuitos elétricos, guardava um núcleo de temor dele, como aquele temor que os hebreus guardam de seu Deus. Acredito ter sido esse núcleo que me fez querer seguir o que ele apontava como profissão, em palavras e gestos. E acredito também ter sido isso que me fez fraquejar quando me disse que me abandonaria se eu escolhesse sair da medicina.

Consegui terminar o semestre prévio ao internato. Seriam também minhas últimas visitas pelo projeto de palhaçoterapia. O hospital que me acolhera para estágio ficava longe daquele complexo. Não me permitiria a doação das horas de almoço. Que as visitas de palhaço se multiplicassem, já que finitas!

Algo recuperado do abandono de Moça, em grande parte pelo mistério de Maya, que expusera minhas fragilidades de menino como ninguém, abri-me para uma jovem que sempre estivera mais calada por entre as pessoas do projeto de palhaçoterapia. Não sei como se deu.

Um dia, eu a encontrei em um mesmo curso de atualização onde diferentes semestres se mesclavam para assistir. Porque não havia conhecidos ao redor, fiquei ao seu lado. Tinha um trejeito de mexer o ombro que era um encanto. Chamei sua atenção sobre isso. Ela nunca havia percebido. No outro dia, quando a encontrei no mesmo curso, ela já não mais o tinha.

— Você praticou em casa parar com aquilo no ombro! — exclamei.

— Não, não foi.

— Foi, sim. A coisa era claramente sua, e inconsciente. Agora não está mais aí.

— Para!

— Eu fiz você treinar em casa para parar com aquilo!

— Não fez!

— Você não deveria ter feito isso. Era lindo!

— Você achava?

— Sim.

A aula começou. Despercebida, ela fez a coisa com o ombro.

— Viu? Voltou a fazer.

Ela riu.

Passamos a trocar e-mails em uma época em que as cartas eram *démodées* e os aplicativos de mensagem não existiam. Foram cem no total, eu os tenho todos aqui, no computador.

Comecei compartilhando uma cena de um romance querido. Ela me devolveu a experiência que teve pela faculdade em um projeto social. Escrevi para ela uma postagem especial no meu blog. Ela louvou nossa amizade, que a deixava segura. Enviei-lhe uma música que dialogava com um desabafo que me fizera e mais outra que apenas me lembrava ela. Tão cedo na faculdade, já havia exposto seu desejo de trancar, falava-me de se sentir fraca. Enviou-me uma poesia, e mais outra, e eu uma música, uma poesia, um desabafo. Nossas existências se misturavam de forma estranha. Conhecíamo-nos havia tão pouco, e já nos conhecíamos tanto. Até de um relacionamento quebrado estávamos ressurgindo, cada um com seu coração regenerando.

E entre clínicas e ciências básicas, aulas práticas e teorias, cirurgias e farmacologias, Eros nasceu de filia, e nos flechou.

No dia 22 de outubro de 2016, eu escrevi:

"E dentro do meu peito o coração batia. Batia, batia, não, ele não pode bater! Mas batia. De tão pequeno que estava parecia um gatinho que mia, mia, mia".

Essa jovem apelidava-se Mia.

Dois dias depois, comentei: "Estou incrivelmente melhor, os desabafos por ora pediram trégua, e a vontade de continuar vivendo na faculdade ressurgiu".

Relutamos até não poder mais, por algumas semanas. Com um medo bobo de não deixar acontecer algo que já era. Como se não verbalizar fizesse deixar de existir.

Mas a lógica das sombras funciona ao contrário das palavras mágicas. E o sentimento cresce quanto mais o escondemos, até não caber mais em qualquer esconderijo.

E assim aconteceu nas palavras dela: "Fiquei tão feliz quando o sol da nossa manhã nos iluminou. Você cruzou as pernas e perguntou o que eu sentia. Vesti a armadura em meu coração. E até consegui negá-lo com firmeza. Mas então você fez o contrário. Despiu o seu coração. E, vestindo suas palavras de coragem, fez meu coração pular, que desconsertou o silêncio sempre tão presente. Um silêncio construído pela vida. A minha vida. Suas palavras o desconsertaram. E mesmo diante de palavras tão encorajadoras, ainda tive que sair por um minuto. Respirei fundo. É. O intrigante silêncio foi obrigado a ir. E, por fim, deixei. Mas sem teus olhos não o deixaria. Por fim, a primeira flor da nossa manhã desabrochou. E mesmo com a possibilidade de ficar ali, solitária, ela estava ali, existia, feliz".

Comecei o internato pela Saúde Comunitária. Estava no posto e a preceptora nos deu, a mim e a um colega, um consultório. Atendíamos o dia inteiro. Discutíamos temas básicos nos intervalos. Éramos instados a dizer nossas opiniões e confrontados com a experiência dela. Saíamos duas vezes na semana para andar pela comunidade. Visitar idosos que não podiam ir à unidade básica. Aprendemos a fazer curativos, seguir o desenvolvimento de crianças, auscultar os sons dos batimentos dos bebês, ter intimidade com as doenças que mais afligiam o cotidiano das pessoas. Víamos os desafios daquela gente em suas casas e a vida pulsar apesar deles.

Mas este livro não quer ser uma propaganda. Já lhe disse que conto da minha experiência. Houve quem teve o mesmo encanto na sala de parto. E aquele que exultava no centro cirúrgico. Muitos brilhavam seus olhos na busca pelo diagnóstico difícil nas enfermarias. Outros estavam deslumbrados no corpo tornado transparente pelas técnicas que fotografavam os órgãos abstraindo a pele.

Em cada canto do internato, um e outro se encontravam, ou ratificando o que já queria ou inaugurando sua primeira vontade, como eu. Sem provas para serem gabaritadas, apenas eu e o paciente, em uma relação terapêutica. Meu lugar era ali, longe do hospital, no oco do povo. Essa era a especialidade intitulada medicina de família e comunidade, na qual eu me especializaria mais tarde. Era também a especialidade que meu pai sempre quis para mim, sem nem sequer saber que ela existia. Ele fora precursor dela no que deu para chamar de "médico do sertão", título de seu livro inédito de crônicas.

Chegara o fim daqueles dois meses intensos. Eu ainda não tinha falado para papai que havia me encontrado, enfim – e que estava feliz nesse encontro. Ele sabia que algo havia mudado em mim. Até da terapia me dei alta.

Era uma manhã de segunda-feira. Raramente acordava tão cedo quanto papai. Juntos, tomamos café com algumas bolachas. Ele pediu que eu pegasse o carro no estacionamento vizinho ao prédio enquanto minha irmã se arrumava. Às vezes o carro dormia lá por falta de espaço para fazer manobra na nossa garagem. Mais uma semana de trabalho para todos nós.

Voltando para pegá-los, pois papai sempre ia conosco à faculdade para me deixar dirigir e trazer o carro de volta, minha irmã me interceptou no caminho, pálida. Papai estava passando mal no saguão do prédio. Gelei. Corri o mais rápido que pude. Quase pulei sete degraus de uma só vez para chegar até ele. O velho estava suado, pálido, deitado no sofá e com a mão cerrada no peito. Mamãe estava paralisada e trêmula, encarando-o com os olhos esbugalhados. Disse que aconteceu de repente.

Não pensei duas vezes. Tomei papai nos braços e desci pelas escadas até o carro. Pedi que mamãe e minha irmã entrassem. Coloquei papai com a cabeça deitada no colo de minha irmã. Liguei a sinaleira do carro para indicar urgência. Tomei o rumo da emergência cardiológica mais próxima. Peguei de volta papai e alertei ao maqueiro o diagnóstico provável pela clínica que saltava aos olhos. "É um infarto!"

O maqueiro recebeu papai na cadeira de rodas e o levou imediatamente à sala vermelha. Seguimos, os filhos atrás. Mamãe foi dar entrada na ficha de cadastro. Chegando à sala vermelha, o médico começou a coletar a história dos eventos imediatos e das comorbidades. Interrompeu de repente o interrogatório porque a equipe lhe chamava a atenção para o monitor. O coração de papai tinha parado. A equipe se aprontou para a reanimação. Conduzi minha irmã de volta à sala de espera. Disto eu sabia: eles tinham trinta minutos para reverter o quadro. Meu corpo estava chumbado ali e minha alma fraquejava em querer vê-lo. O médico adentrou a sala de espera.

— Ele chegou em estado grave, possivelmente um infarto. Seu coração parou. Tentamos reanimá-lo. Em nenhum momento seu ritmo retornou. Ele não resistiu.

Mamãe se deixou cair na cadeira. Minha irmã foi acudi-la, aos prantos. Eu, porque tivesse apenas lágrimas no rosto e aparentasse sobriedade, fui chamado para dar as informações de preenchimento da declaração de óbito. Ali o médico se infelicitara um pouco mais. Descobrira que papai era colega de profissão e que, em breve, eu o seria.

Liguei para Mia, que correu ao meu encontro. Esteve do meu lado por todo o velório na capital. Logo chegaram os outros filhos, mais velhos do que nós. A mais nova deles, descrente de tudo. A irmã mais nova de papai recitou uma prece. Aos poucos os avisados foram chegando para prestar as condolências. Estávamos na capital, mas o enterro, segundo a vontade dele, seria na sua cidadezinha, onde serviu por décadas, que ficava a 160 quilômetros dali.

Chegando lá, a cidade toda já sabia e havia parado. O corpo de papai repousava no meio da sala de estar de minha tia. Ininterruptamente, dos mais diversos distritos, pelo dia inteiro, pessoas chegavam para se despedir. Dali, algumas me diziam:

— Seu pai cuidou do meu filho. Esse rapagão aqui de vinte anos — disse a primeira pessoa.

— Quando meu filho estava doente, e não havia remédio no posto, ele pedia para tirar na farmácia em seu nome. Ele salvou a vida dele assim — disse a segunda.

— Só não morri no parto porque ele foi me acudir — disse a terceira.

— E eu estava com ele. Paramos o carro na estrada, porque não dava para prosseguir. Ele desceu, pulou a cerca e subiu o morro a pé. Uma parteira lhe ajudou com os cuidados do bebê — disse o motorista que o transportava sempre.

Assim, de história em história fui conhecendo o outro lado do meu pai, não aquele que queria me impor sua história, mas o que queria partilhar suas aventuras. Lembrei das vezes que chorava para ir com ele às visitas domiciliares de seus pacientes contra a vontade de minha mãe, que tinha medo de que eu me infeccionasse. De qualquer jeito, infectei-me daquela vontade que ele tinha de cuidar das pessoas. Entretanto, já não sabia se conseguiria ser tão bom quanto ele. Quantas peripécias, meu Deus! E eu, do alto da minha soberba, pensando ter-lhe ultrapassado só porque crescera alguns centímetros nas medidas.

Papai era espírita confesso, não teria direito ao sacramento católico da missa de corpo presente. Ou não seria o caso. O padre, porém, seu amigo de debates teológicos, fez questão de celebrá-la.

Uma procissão conduziu o caixão até o cemitério, onde o jazigo já estava aberto para acolher seu corpo. O sino da igreja dobrou algumas vezes. Enquanto depositávamos o caixão naquela gaveta, olhei para a multidão de espectadores e, tomado por um entusiasmo, gritei:

— Aqui jaz um homem de bem!

Aplaudiram.

Não sei o que deu em mim. Achei aquela fala excedente. Não pelo seu conteúdo, mas pela teatralidade. Bastava que eu fosse ao seu ouvido, sem ninguém perceber, e tivesse dito, só para ele:

— Me encontrei, pai. Descansa em paz.

A MADRUGADA

Poesia escrita por ocasião das madrugadas em que acalentei meu primeiro filho em seus despertares.

As madrugadas do pai acolhem o filho que madruga
A madrugada do filho, a madrugada do pai
O alvorecer do dia tira pai e filho da madrugada

Alvorece o pai com o alvorecer do filho
Acordam os dois
— Você é meu filho.
— Você é meu pai.

O sol singra o céu desfazendo a sombra de pai
O sol singra o céu desfazendo a sombra de filho
Não tarda a vida de entardecer os dois

— Você não é meu pai, eu sou filho da vida!

Anoitecido o pai
Ensolarado o filho

Ergue-se a Lua no céu
Em pleno dia de domingo

A barba paternal é feita de estrelas
O peito filial de terra

Curva-se o velho pra beijar a terra
Abre-se a terra pra abraçar o pai

Dorme o homem finito no seio do rapaz
Madruga o filho, de repente, em seu ventre

É o pai que nasce no filho
É o filho que dá à luz o pai

A (IM)POTÊNCIA

CAPÍTULO 3

QUANDO O HERÓI PERDE A CAPA DIANTE DOS SEUS

"A vida não é a que a gente viveu e sim a que a gente recorda, e como recorda para contá-la."

GABRIEL GARCÍA MÁRQUEZ

Na palestra que dou para os recém-ingressados em medicina, a história acaba quando meu pai morre. Não exatamente aí, porque então não seria uma palestra motivacional e sim um desabafo, não tendo o poder de enxugar as lágrimas que haviam se confraternizado com as minhas na plateia. Do contrário, deixo uma mensagem de que as pessoas podem seguir em frente apesar das derrotas, e ser alguém, conquistar seus sonhos. Aliás, elas podem mais do que ser alguém, podem ser elas mesmas, reencontradas no seu propósito singular.

Às vezes eu faço um paralelo com a história do Rei de Uruk, Gilgamesh, contada por um médico exorcista há cerca de cinco mil anos, subintitulada "Aquele que o abismo viu". Gosto de contar essa história porque fico abismado como um conto de cinco mil anos atrás pode despertar simpatia ainda hoje. É como se de fato algo lá no fundo de nós não mudasse, nossos dramas sendo os mesmos, apesar da capa que recobre a humanidade ser tão diferente.

Nessa história, Gilgamesh é um rei orgulhoso, violento e lascivo, cujo castigo foi enviado pelos deuses na forma de uma besta-fera, Enkidu, que deveria superá-lo em força e brutalidade, provocando sua morte. No final das contas, eles não conseguem se matar e se tornam grandes amigos, piorando as coisas para os homens, pois Enkidu se junta a Gilgamesh, fortalecendo-o em conquistas sucessivas. Os deuses, vendo que o tiro saíra pela culatra, voltam atrás e tiram então a vida de Enkidu. Gilgamesh, que nunca conheceu nem o cheiro da morte, vê-se diante dela na imobilidade da carne putrefata do grande amigo-irmão.

Carregando consigo o peso da consciência de sua própria mortalidade, como se tivesse olhado a si próprio morto em um espelho, sai em busca da única coisa que não tinha, o dom da vida eterna. Desafios vêm e vão, e ele acaba por conhecer o único homem no planeta que possuía o tal dom, que o responde com a sabedoria de todos os tempos:

> "O que tenho não me foi dado, portanto não posso dá-lo a você. Contente-se com sua mortalidade e viva o que tem de viver com ela".

Desconsolado, volta ao seu reinado, e a última tabuinha[4] não apócrifa mostra um Gilgamesh no topo de seu

---

4 Pequena tábua espessa de argila onde se registravam as histórias.

castelo, olhando tudo o que conquistou, e mais nada. Mais nada, porque, como é um documento antigo, escrito em argila, a parte que deveria ser a conclusão da história, a moral, talvez, perdeu-se no tempo. Eu aproveito esse aspecto arqueológico e, ao final da palestra, falo aos calouros:

— A nossa história é como a de Gilgamesh. Entramos por aquela porta cheios de si. Por esses corredores vamos encontrando nossas fraquezas, e os desafios nos jogam no rosto a nossa pequenez, nossa mortalidade, o quanto a vida escapa do nosso controle. Mas não deixem que digam como termina a história de vocês. A última parte da tabuinha ainda não foi encontrada, porque está em suas mãos! Será difícil, mas vocês podem chegar lá. Haverá derrotas, mas vocês podem ultrapassar a última porta. Se eu consegui, por que não vocês? Sejam bem-vindos!

Neste momento, seguem-se os aplausos, alguns olhos brilhando, alguns marejados, outros tantos simpáticos, alguns percorrendo a sala, ainda perdidos. O representante do centro acadêmico agradece. E eu saio de lá como se saísse de um exorcismo. Se você pensar bem, contar nossa história é como um exorcismo. O autor de Gilgamesh tem por que ser exorcista e romancista. Que catarse!

Dizem os entendidos do assunto que era assim também que os gregos antigos curavam seus males, vendo o sacrifício do herói trágico no palco dos cultos dionisíacos.

Depois que saio pela porta, as pessoas já não têm ideia do que se passou depois da faculdade. Sabem apenas que sobrevivi, e tomam aquilo já como uma flama de esperança. Alguns chegam até a vir de novo, no semestre seguinte, ouvir-me mais uma vez, quase com o mesmo discurso. Meu texto, de tanto ser narrado, já está preparado, como se minha vida fosse o roteiro. Tenho me tornado mestre em recontá-la.

Nesta parte, a partir de agora, trago o que é inédito. Afinal de contas, o que aconteceu comigo depois de ter assumido a medicina, a partir do momento em que tive meu pai desfalecido nos braços?

Tive exatamente uma semana para ajeitar as papeladas da pensão que papai deixou. Mamãe seguia comigo para os cantos, profundamente em luto. Via-se que estava com medo do que viria: uma vida sem ele.

O casamento dos meus pais durou um pouco mais de 25 anos. Dizem que ele gastava muito do que recebia em bebida antes de ela ser sua esposa. Apesar disso, sempre foi cumpridor de seu dever. Abandonado pela primeira mulher, criou cinco filhos como pôde.

Já mamãe, era uma jovem habitante da cidadezinha interiorana em que ele decidiu morar. Ela era mais do que isso, foi aluna dele no colégio. Quando ele chegou lá, não quis apenas ser médico, entregou-se também ao magistério. Ensinava matemática, português e biologia. Mamãe se destacava em todas as matérias. A beleza e inteligência dela chamaram sua atenção.

Separados por cerca de três décadas, aquele homem já a mais de meia-idade com aquela recém-saída da adolescência se enamoraram. Não tenho os registros das poesias que ele mandava para ela, mas sei que fazia poesia parnasiana. Tinha muitas de Olavo Bilac, Castro Alves e Camões decoradas. Lembro dele recitando esta poesia de Camões:

"Alma minha gentil, que te partiste
Tão cedo desta vida descontente,
Repousa lá no Céu eternamente
E viva eu cá na terra sempre triste."
(Luís Vaz de Camões)

Recitava-a enquanto me ensinava português. Como um exemplo de um grande poeta, conhecedor exímio da Língua Portuguesa, mas que cometeu ao mesmo tempo uma cacofonia (alma-minha, maminha!) e uma conjugação de imperativo na primeira pessoa (viva eu), ao que ele acrescentava, exasperado: "Mas ele pode!".

Mamãe às vezes tinha rompantes de revolta contra Deus.

Eram revoltas contidas e silenciosas. Encontrei-a muitas vezes chorando na rede da varanda. Segredava-me seus questionamentos da vida que nunca disse para ninguém. Foi filha de pai severo. Casou-se uma primeira vez para se livrar de casa. Casou-se errado. O homem se mostrou doidivanas[5], sem emprego certo, sem destino. Saía de casa para voltar depois que já se perguntavam se ainda tinha vida. Ela não conseguiu independência do pai, e ainda por cima ganhou um filho e a necessidade de sustentá-lo sozinha.

Tornou-se a professorinha da cidade, em um programa do governo militar para alfabetizar adultos. Quando conheceu papai, já era desquitada e por isso julgada pelos mais velhos. Teve ainda pior reputação por estar arrastando asas para um velho espírita, pai de cinco filhos. Como se não fosse ele que a

5 Segundo o dicionário de Língua Portuguesa, uma pessoa doidivanas é uma pessoa estouvada, extravagante ou imprudente.

cortejasse. Aquele "espírita" que coloquei adjetivando o velho era, na boca do povo, pelos idos de 1980, um insulto. Havia aqueles que pediam para que as crianças não passassem na calçada da casa dele para que não fossem contaminadas com supostos feitiços. E papai seguia alheio a essas barbaridades, sendo médico de todos, fazendo as vezes de clínico, o mais geral que você puder imaginar, como também cirurgião, obstetra, tisiologista, hansenólogo etc., tendo um certo Dr. Adolfo Bezerra de Menezes como seu modelo.

Vovô, pai de mamãe, não se convencia da santidade daquele cabra e repudiava as intenções ditas nobres que dizia ter para com sua filha. O relacionamento estava proibido. O que fazer? A solução encontrada foi fugir para se casarem na cidade vizinha! Depois disso, ninguém pôde ser contra, pois seria ir de encontro à lei dos homens e entregar a moça ao pior julgamento de Deus.

Pouco tempo depois veio minha irmã, e, em menos de um ano, eu. Temos aqui as fotos de papai feliz, careca reluzente, os cabelos que lhe restavam caindo da rede, e minha irmã elevada ao ar pelos seus braços morenos. Fitava-a com a alegria de quem tem a consciência tranquila, como se ela nunca tivesse sido o produto do amor gestado em uma moça roubada.

A moça estava logo ao lado, comigo no ventre. Contemplava papai com o orgulho de ter-lhe dado uma filha e, em breve, um varão, de ter-lhe ajeitado os modos, tirado do vício, permitido economizar o salário, bem distante da imagem de aproveitadora que um ou outro quiseram lhe imputar.

Ela sonhava em ser advogada e estudava muito para isso. Teve que se submeter aos cuidados do lar e dos filhos quando testemunharam uma babá me fazendo mal. Trauma que já superei. A cuidadora parecia não entender meu choro estridente ao tomar baratas e colocá-las perto de mim como se fossem brinquedos. A fobia por baratas foi inevitável, mas não me tornou disfuncional. Superei-a com a gana de matá-las a mão nua tão logo vejo uma.

O próximo sacrifício de mamãe foi abandonar sua cidade natal e ir para a capital, a fim de nos proporcionar educação de qualidade. Papai ficaria trabalhando no interior para nos sustentar e chegava aos finais de semana a fim de curtir a sua nova família. Os seus cinco filhos mais velhos, àquela época, já estavam crescidos e independentes. Restava a ele viver a vida conosco.

Mamãe não tinha carro, e, mesmo se tivesse, temia dirigir. Papai até tentou ensiná-la, mas foi em vão. Matriculava-nos em escolas próximas de casa e levava-nos a pé. Nossa primeira habitação era próxima do centro da cidade, onde tudo era em conta. Para economizar, percorria um quilômetro e meio para as lojinhas amontoadas naquele bairro, onde, então, passava a fazer um périplo de pesquisas de preços até conseguir o que queria o mais barato possível.

Eu e minha irmã brigávamos demais. Mamãe impunha seu grito e, por vezes, recorria a algumas chineladas para instaurar a ordem.

Em todas as férias e feriados viajávamos para o interior, para ver vovó, os primos, e sorver o gosto da liberdade, pois na capital éramos cativos de apartamento. Fizemos essas viagens sistematicamente até entrarmos na adolescência, quando então as disciplinas escolares passaram a exigir estudos mais intensos, e os prazeres da cidade grande havia nos capturado junto a um sólido círculo de amigos.

Vovó ligava para mamãe quase toda semana para saber como estavam as coisas.

Nossa situação financeira melhorou muito nos idos de 1990, e papai pôde comprar um apartamento em uma zona nobre da cidade. Mesmo assim, mamãe não deixou seu hábito de perambular em busca dos melhores preços para tudo de que precisávamos.

Meu irmão, filho do primeiro casamento de mamãe, não veio de imediato conosco para Fortaleza, porque já tinha suas raízes fortes no interior. Tentou-se de tudo para ele, que só tinha o ensino médio. Terminou por aninhá-lo em uma vaga de táxi.

Em 1994, papai teve seu primeiro infarto, sendo submetido a uma grande cirurgia. Mamãe ficava no hospital dia e noite, mesmo quando não era bem-vinda na unidade de terapia intensiva. Quando papai saiu para a enfermaria, mamãe desfez seu acampamento e se assentou no quarto para só sair de mãos dadas com ele de volta ao lar.

Papai teve de se aposentar. Na cidadezinha que deixava para trás, já não mais era o velho espírita feiticeiro beberrão sequestrador de donzelas. Saiu como o grande médico, muito bem-casado com a professorinha da cidade, de quem todos tinham uma história de assistência para contar. Tive, assim, papai comigo diuturnamente desde os onze anos, no seu vaivém dos coopers de alvorecer, vendo-o acompanhar mamãe na pesquisa de preços, proporcionando transporte seguro e confortável para as nossas idas à escola, shoppings e festas de amigos.

Pelo infarto que papai carregava no peito e as noites insones no hospital, mamãe passou a ter cuidado redobrado com ele. Do cuidado passou para o medo, do medo se seguiu um estado contínuo de tensão, e aqui e acolá um pânico. Sem tomar qualquer remédio de nervos, foi batalhando contra a lógica da vida, que tornava cada vez mais próxima a despedida definitiva de papai.

> "Se lá no assento etéreo, onde subiste,
> Memória desta vida se consente,
> Não te esqueças daquele amor ardente
> Que já nos olhos meus tão puro viste..."
> (Luís Vaz de Camões)

Depois de sua partida, em busca dos espólios, carregava mamãe comigo, e não carregava. Ela parecia ter ficado junto ao túmulo de papai.

> "E se vires que pode merecer-te
> Alguma cousa a dor que me ficou
> Da mágoa, sem remédio, de perder-te..."
> (Luis Vaz de Camões)

Entrava e saía de cartórios, e outras instituições burocráticas ligadas aos lugares onde ele trabalhou, e o olhar perdido dela ainda acompanhava o cortejo do corpo amado.

> "Roga a Deus, que teus anos encurtou,
> Que tão cedo de cá me leve a ver-te,
> Quão cedo de meus olhos te levou."
> (Luis Vaz de Camões)

O que ela me confessava na varanda, como se eu fora seu sacerdote particular, era a incompreensão diante de tanta luta na vida. Depois de um casamento falido, Deus a havia dado um marido bom, que ela fez de tudo para que vivesse até o momento de poderem curtir a velhice mútua no interior, sem preocupações.

Aquele interior perdera completamente o sentido. Sua mãe morrera havia cerca de cinco anos, e agora seu amado.

— Com seu pai, Deus me devolveu a paixão, enchendo meus dias de alegria. Se era para tomar, por que me deu? — indagava.

Eu, ali, sentado no chão, parecia ouvir o sussurro do espectro de meu velho pai a me ensinar coisas duras sobre a gramática da vida: *"Mas Ele pode!"*. Sem crer que qualquer coisa que eu falasse lhe traria consolo, apenas lhe emprestava os ouvidos e doava-lhe meu coração.

Terminada a semana que me deram de luto, a faculdade me mandou para um estágio rural, no alto da serra, em uma cidade pequena de nome Mulungu. Passaria um mês acompanhando o sistema de saúde local, tentando entender como era ser médico onde quase tudo faltava. Fiz as malas, beijei demoradamente mamãe e segui viagem.

Mulungu era uma cidade pacata, na qual fui recepcionado com muita hospitalidade. Acompanhei três médicos. O primeiro ficava a maior parte dos dias no hospital local, que de hospital só tinha o nome, pois carecia de todos os recursos. Era tido como hospital porque buscavam preencher escalas de 24 horas com médico disponível aos reclames urgentes da população, dos resfriados às suturas, dos traumas aos partos de evolução favorável. Esse médico tinha comigo conversas práticas sobre a vida. Era o primeiro dia e o movimento, como de costume naquele local, estava fraco.

O segundo médico, mais entusiasta, era um recém-formado que atendia aos pacientes, ensinando-me particularidades sobre cada situação clínica. Atendíamos nos distritos afastados da sede, onde precisávamos percorrer carroçais embrenhadas no íntimo da serra. Aqui e acolá uma paisagem bucólica e deslumbrante se apresentava aos nossos olhos, como uma coluna de chuva molhando uma cidade vizinha no sopé. Mais ao final da tarde, eram os borrachudos que se deliciavam de nossos microvasos das pernas. Na volta, o caminho anoitecido se despedia com vaga-lumes acordando por entre a mata.

Antes de dormir, pensava em papai, que devia ter enfrentado tudo aquilo nas aventuras a que se entregou de bom grado quando se tornara "médico do sertão", como costumava chamar.

No dia em que fui acolhido pela terceira equipe, a médica que acompanhei teve uma missão ingrata. Iria fazer uma visita onde o ancião patriarca da família apresentava sinais claros de congestão pulmonar, num cansaço que não cedia a qualquer medicação oral. Ela queria interná-lo, e ele dizia que não arredaria o pé de casa. No dia seguinte fomos tomados pela notícia de que ele não se levantara mais da cama, embora respirasse. Minha preceptora de campo sabia que ele se encaminhava para a morte. Esclareceu como pôde à família que o único jeito de tirá-lo daquela situação era levando-o ao hospital.

— Mas é certo de ele sair? — questionava a filha mais velha, cuidadora principal.

— Não posso afirmar, pois melhor teria sido se tivéssemos ido antes — respondia a médica, com hesitação.

— Se é para ele morrer, deixe-o em casa. Já era a vontade dele mesmo — disse, finalmente.

Já desde a entrada víamos um punhado de gente que ia visitar o compadre em seus últimos momentos. Era costume se despedir antes que a alma ganhasse o invisível. Se ele tivesse ido para um hospital, tomaria fôlego para esperar um frio leito de UTI, tratado com remédios cronometrados, uretra sondada para melhor medir a saída dos líquidos infundidos por agulhas mais dolorosas do que as dos borrachudos da serra, com visitas contadas e contidas em uma hora morta do final da tarde. Ali, seu corpo desfalecente era cultuado por parentes, amigos e filhos de amigos, em uma liberdade respeitosa organizada pelos familiares, tendo ele como o protagonista de um sagrado ritual de passagem.

Naquela noite morreria. Seria o primeiro atestado de óbito daquela médica.

Assim foi o mês nesse estágio, atendendo em consultórios improvisados nas localidades, conhecendo as singularidades culturais de um povo, absorvendo a intimidade do funcionamento do dia a dia das equipes e das instituições.

Voltando para casa, o dia tentava ser normal, com mamãe indo agora sozinha fazer as compras dos mantimentos do lar e, nas horas vagas, ao culto da saudade.

Sem descanso, eu emendava o treinamento com as idas ao hospital. O primeiro serviço em que debutava era o de neurologia. Em cada uma das clínicas, um preceptor se ressaltava por ser o mais carrasco, para o qual tínhamos de apresentar um serviço exemplar. Era nosso dever abrir o prontuário do paciente com uma anamnese impecável e um exame físico completo. Devíamos passar o caso, de preferência, olhando nos olhos do preceptor, sem pesca, o que demonstrava apropriação dos dados. Na discussão do quadro, tanto melhor se tivéssemos os diagnósticos diferenciais na ponta da língua, e que pelo menos três de cinco possibilidades condissessem com o diagnóstico presumível que ele evocaria.

Estava eu acompanhando a discussão da doença de um paciente, quando recebi a notícia de que minha tia tinha sido vitimada por um acidente vascular cerebral, mais conhecido pela sigla popular, AVC. Aflito, pedi permissão para visitá-la. Como o serviço em que rodava possuía os melhores neurologistas do estado, implorei que aceitassem titia para suas apreciações. O residente acolheu de pronto meu pedido e conseguimos uma ambulância para transferi-la imediatamente.

Já acomodada no leito, o médico passou a visita com todos os internos ao redor, discutindo o caso na frente dela. Emudecida pela doença, ela se escondia debaixo do lençol, com vergonha daquela reunião em que a tinham como objeto de estudo. Percebendo aquele embaraço, eu ficava ao seu lado, tendo o corpo direcionado em atenção à palestra do professor, e a mão apertando a dela, concedendo-lhe amparo. Na volta para a sala de reunião da neurologia, o preceptor discorria sobre o que deveria ter sido feito no caso de minha tia e que não foi, pela falta de recursos da época em relação a medicina de ponta de que ele tinha conhecimento. Falou algo mais sobre o prognóstico e as possibilidades terapêuticas. Eu, que ainda tinha o desenlace de papai quente na memória, perdi o consolo da razão e me entreguei ao medo de perder mais um parente. Titia também animou minha infância, vizinha à casa de vovó.

Tentava conter as lágrimas em vão. Elas escapavam aos poucos. Iludia-me, crendo que ninguém notava, atentos demais às explanações nosográficas. O residente tocou em minha perna e pediu para eu ir lavar o rosto. E, sem me dar conta, ao chegar ao banheiro, deixei o choro me lavar, como de quem ainda não se recuperou de um luto.

Precisava soltar tudo aquilo rápido. Tentei apressar o fim daquela comoção chorando com mais vigor, deixando escapar alguns gemidos para ver se terminava logo, porque eu precisava rapidamente voltar para ouvir o resto das discussões. Os pacientes sob a minha responsabilidade ainda não tinham sido discutidos. Ainda com o rosto inchado e o pensamento confuso, corri de volta para a reunião. Já não falavam dos pacientes, estavam no horário do café. O residente acenou para mim, acalmando os meus anseios.

Naquele mesmo dia chegaria meu primo, que tenho como a um irmão, a fim de ficar como acompanhante. Fui recepcioná-lo no corredor do térreo, onde a poucos metros dali ficavam dezenas de pacientes sob observação, esperando vagar um leito onde pudessem ser direcionados seus tratamentos com algum conforto. Era a vez dele de chorar em meu ombro. Eu, já fortalecido, consolava-o: "Ficará tudo bem".

Os meses iam passando e íamos nos tornando mais fortes e sabedores das rotinas hospitalares.

> Muito da medicina não é o que tem nos livros, mas sim o que tem nos protocolos dos serviços, e mesmo nos gestos protocolados da equipe.

Parte de nosso aprendizado, talvez mesmo uma boa parte, é aprender a cultura institucional que está implícita no cotidiano.

No serviço de gastroenterologia, tive em meus cuidados um senhor cujo fígado já não mais lhe permitia esperança de sobrevida. Conduzíamos seus delírios com medicações que o acalmassem e tirassem sua dor. Em breve partiria. Senti, muito antes de ter os cuidados paliativos como especialidade, que devia chamar a família para esclarecimentos, e flexibilizar as visitas ao doente.

Da desorientação veio o sono profundo e uma respiração insuficiente. Alguns parentes vieram ao nosso encontro. Explicamos a insuficiência da medicina para reverter o processo de morte. Não se desesperaram, entenderam, aceitaram. A irmã mais próxima chorou. Abracei-a. Nem sabia se era apropriado um aprendiz de médico fazer aquilo.

Para meu desespero, ao final daquele mês, uma preceptora decidiu aplicar uma prova de sondagem de conhecimentos. Como de costume, não me dei bem, errei mais da metade das questões por besteira. Nunca me dei bem com as pegadinhas que colocavam. São as notas de rodapé que nos atraiçoam. Ela pediu que eu não me preocupasse: "O melhor da medicina, meu filho, está na dedicação aos pacientes. E quanto a isso você não tem errado."

A última clínica por onde eu passaria era a de nefrologia. O que talvez nem todos saibam é que o sistema urinário é de uma complexidade estarrecedora. O leigo imagina que seja apenas a arte de urinar. O dia a dia hospitalar deixa crer que seja tão somente a proficiência de autorizar ou não uma diálise. A principal preceptora que pegamos passava uma visita às quintas-feiras, percorrendo todo o hospital nos mais diversos andares, respondendo os pareceres que eram solicitados ao serviço e explicando com detalhes por trás da clínica de cada paciente, o fundamento hidroeletrolítico sanguíneo acrescido ao esquema de funcionamento das mais diversas bombas de membrana, comportas de excreção e alças de retroalimentação situadas na unidade glomerular rodeada pelo ambiente de exceção osmótica do gradiente de concentração do néfron.

Assim como você lendo essa frase, era a minha sensação escutando os desenvolvimentos de raciocínio dela à época: confuso. Um conjunto de íons se colidiam na minha tela mental como moscas volantes. O tempo que me era dado para interpretar aqueles conceitos despejados em pequenas pausas nos cantos das enfermarias por onde passávamos não me permitia qualquer absorção assertiva. A escassez de osmoles dos meus conhecimentos fizera com que eu excretasse quase tudo o que ela falou na minha própria urina. Terminei aquela corrida zonzo e cansado.

Corpo envergado, mudo, sentei-me à mesa da cozinha lá de casa para me entreter com algum jantar. Aquele sentimento de derrota que enfrentei por toda a faculdade me tomava de volta. Ia passando da cozinha para o meu quarto feito um zumbi. Quando fechava os olhos, lembrava dos sintomas dos pacientes renais como se eles estivessem em meu corpo, particularmente o sangue escapando da uretra. Fenômeno parecido tive nos estágios de cirurgia, quando, escorrendo a espuma do xampu pelo corpo, via os líquidos purulentos de abscessos que passara o dia drenando. Mamãe percebera meu estado.

— O que foi, filho? — me indagou.

— Nada — tentei disfarçar, sem sucesso.

— É alguma coisa. Você sempre chega alegre. Não é de você esse jeito morto.

— Cansaço.

— Então se deite aqui — disse, convidando-me para seu colo.

Havia tempos não me entregava àquele colo. Como é bom um colo de mãe! E, feito um contrafeitiço desfazendo minhas dores, aquele lugar me acalmou e me deixou dormir um pouco. Ela foi passando a mão em meus cabelos. Era relaxante, mas algo estava errado. Seu braço não tinha um movimento fluido. Seus dedos estavam um pouco rígidos. Havia algo desarmônico naquele membro.

— Mãe, o que a senhora tem no braço?

— É apenas uma dor no ombro, bobagem — ela disse, desinteressada.

Não era. Aquilo era, de fato, a manifestação do Parkinson que a acometia. Doença esta que papai quando vivo já vinha investigando. Primeiro tratando como um reumatismo, depois fechando o diagnóstico como distúrbio do movimento de base neurológica. Distúrbio que, por vir apresentando-se de forma atípica, ela não aceitava o diagnóstico, já que se tratava de doença progressiva e irreversível, com um pior prognóstico em pacientes jovens.

Mamãe, ali, tinha apenas 48 anos. O futuro lhe reservaria ainda mais rigidez, dor, tremor, dependência, hesitação no andar, dificuldade na escrita, descoordenação na fala, insônia, incontinências. Eu me exigiria um cuidado redobrado, noites entrecortadas, uma alma dividida entre os estudos, o trabalho, a carreira, a construção de uma família e a piedade filial.

REMEDICINANDO

Do blog *senhorapark.blogspot.com*, que criei em 2008, sob o nome de Fabi, um heterônimo feminino que me veio à mente à época.

DA BELEZA

O doutor pergunta de vez em quando como está a independência de mamãe. É um acompanhamento. Os remédios não vão poder curá-la, muito menos impedir que a doença avance. Então, ele vai vendo como ela vai ficando.

Senhora Park aprendeu a se vestir com o mais fácil. Não há mais vaidade. Mas faz questão de ter vestidos à indiana. São vestidos longos, bem suaves, claros, uns amarelos, outros cor-de-rosa, azul foi um dos mais bonitos que achei. Umas imagens onduladas percorrem o corpo dela, que vem ficando cada dia menos cheio.

Menos cheio de preocupações com o que os outros vão pensar.

Quando um deles se rasga, ela não os despreza. Dá-se um jeito. Não são muitos. Não consegue passar horas comprando, mas passa horas escolhendo. Da última vez, foram duas horas para levarmos, enfim, dois. Entre eles, o azul de que tanto gostei e que sugeri. Ela fica mais celeste nele.

Seu cabelo é amarrado em um coque bem alto, pegando todos os fios. Os mais novos fazem um caracol natural, deixando o rosto dela um pouco mais redondo.

Dia desses me dei contemplando o seu rosto. Geralmente está brilhando de um óleo que a doença secreta. Senhora Park estava com cinquenta anos. Envelhecida. Olhar triste e único.

Feliz daquele que consegue arrastar um sorriso pra lá!

Usa uma sandália ortopédica e um par de meias curtas para quando o frio bate. Sente muito frio quando o remédio acaba. Fica encolhida igual a um filhote de passarinho debaixo da sombra da árvore, no meio da chuva.

Não tem bolsa de couro. Usa uma sacola de compras para guardar notas fiscais de última hora e alguns papéis imediatamente importantes. Entre eles um atestado do doutor, dizendo que é deficiente, cartões de fidelidade a supermercados e mais alguns trocados para gastar nos poucos lugares a que ainda consegue ir. Ela se sente melhor quando anda. Quando vê que ainda consegue andar.

Minha Senhora Park tem o coque alto na cabeça abraçando todos os fios de cabelo, o rosto brilhando, o olhar um pouco perdido, um vestido azul-celeste, uma sacola de compras tremendo no braço e sandálias confortáveis nos pés vestidos de meias. Ela sente frio no final do remédio. E, nessa hora, encolhe-se todinha como se alguém a pegasse no colo.

Eu acho que é Deus.

CAPÍTULO 4

O MÉDICO DE FAMÍLIA TAMBÉM TEM FAMÍLIA

"Se tiver que amar, ame hoje. Se tiver que sorrir, sorria hoje. Se tiver que chorar, chore hoje. Pois o importante é viver hoje. O ontem já foi e o amanhã talvez não venha."

CHICO XAVIER

Senti a necessidade de escrever este capítulo de maneira um pouco diferente. Irei me estender por doze anos em um piscar de olhos. E não quero que seja simplesmente um desenrolar de dias e conquistas. Lembra que fiz com você, leitor, um acordo desde o início para não abandonar a alma? Então, desses dozes anos eu lhe trarei relatos esparsos de dois diários. O meu e de mamãe.

O meu vem de minhas memórias, mas o dela, sem ferir qualquer direito autoral, é, na verdade, o que eu entendo ter sido o pensamento dela à época em que eu passava pelas situações que descreverei. Não é de autoria dela, portanto, mas da imagem dela que vive em mim.

1° DE DEZEMBRO DE 2008

Estou a um passo de receber o diploma. Acho que papai gostaria de estar aqui, entregando-o para mim. Ele está. De algum modo sei que está.

Fisicamente decidi que quem me entregará será minha irmã. Mamãe não parece estar bem ultimamente. Ela vem sentindo mais dores. As medicações não fazem efeito. E, quando o fazem, são apenas os colaterais. Ela não ganha funcionalidade com esses remédios, por isso prefere descansar quando não está fazendo as obrigações do lar.

A semana de formatura será cheia de festividades. As religiões de cada grupo farão seus cultos. Cada grupo estará livre e será bem-vindo para participar do culto do outro. Foi melhor assim do que reduzir tudo a um ecumenismo pouco representativo do sagrado que se guarda no templo íntimo de cada pessoa.

Convidaram-me para exercer um papel especial na aula da saudade. Trajado do palhaço Acerola, aquele que animei pelos últimos anos nos corredores da pediatria, irei fazer os momentos de transição entre as atrações. A comissão de formatura buscou dar representatividade a todos com premiações ou citações. A mim, coube a lembrança de que fomos a turma a inaugurar, senão o primeiro projeto de palhaçoterapia, pelo menos o que mais durou na faculdade.

É estranho. É como se estivéssemos passando por um portal. Sinto-me sobrevivente. Dizem que poderemos finalmente exercer a medicina a partir do registro no conselho.

Foram seis anos de estudos e práticas.
Entretanto, ainda não me sinto capacitado

o suficiente para ajudar o doente que me procura. Quando esse sentimento vai passar?

Sei fazer suturas e drenar abscessos... mas um paracetamol que eu passe guardo o receio de que afete o fígado de alguém a qualquer hora, e o que fazer, então?

Tenho um poema que não sai da cabeça. É o de Antônio Nóbrega, "Carrossel do destino": "Deixo os versos que escrevi/ As cantigas que cantei/ Cinco ou seis coisas que sei/ E um milhão que eu esqueci...".

Estas mangueiras no coração do campus testemunharam tantas lutas. Elas deixam cair um pólen de saudade agora. Uma saudade confusa e contraditória. Não queria voltar para cá. E sou grato por elas terem me permitido sair daqui. Como se fossem uma espécie de floresta sombria, árvores da perdição, rosa dos ventos e das ventanias. Cada ponto cardeal para onde apontavam poderia ser o lugar de onde não sairíamos mais, meninos perdidos.

Entramos meninos aqui. Por Deus! Eu já tenho barba, e que olheiras!

— Allan

18 DE DEZEMBRO DE 2008

Mia está linda. Veio com um vestido branco à minha festa. Fui pegá-la com o carro que papai deixou para mim. Nossa, como a direção dele é leve! Nossa, como Mia está linda! Sua irmã e a minha irmã estão conosco.

Para ser sincero, não gosto de festas. Não vou espontaneamente para nenhuma. Mas essa é especial. Eu sou um dos protagonistas, há uma mesa só para mim, com meu nome. Convidei uma dúzia de amigos, dos mais diversos círculos, e até parentes do interior compareceram à festança.

Armaram um grande palco. Haverá um grande show pirotécnico anunciando cada formando. Descerei pela escada como palhaço Acerola. Esse personagem, eu o tenho como um amigo, como um irmão. Tolo, desajeitado, bobalhão, sempre pareceu mais corajoso do que eu. Coração acelerado no começo de cada visita, se era o seu dia de visitar, cumpria o combinado com as crianças que o aguardavam. Só não o fez uma vez, por estar sozinho. Meu medo de fazer a visita desacompanhado falou mais alto que a empolgação de Acerola.

Que loucura, diário! Acabei de descer aquele palco. Um amigo grande e bêbado invadiu a escadaria e me tomou pelas costas, rodopiou comigo e quase caímos juntos. Depois dessa loucura, entreguei-me à diversão das danças. Até os professores de farmacologia estão desinibidos pelo álcool.

Avançamos noite adentro e testemunhamos o raiar do sol. Estou com dor de cabeça, suado e com sono. Mas foi uma grande noite! Não bebi. Afinal, estava com o carro de papai e tinha que levar todos para casa. Quase dormi no volante, mas, entre mortos e feridos, salvaram-se todos.

P.S.: Fico sempre cometendo o deslize de falar do carro que herdei como sendo de papai. Papai já não tem mais nada neste mundo. Libertou-se. É o hábito de tê-lo sempre aqui. Às vezes tenho a impressão de vê-lo deitado na cama lendo ou dormindo com um livro no rosto. Parece uma espécie de impressão cristalizada no espaço-tempo, mas acredito que em breve ela se desvanecerá.

— Allan

19 DE DEZEMBRO DE 2008

Não pude ir a nenhum evento da semana de formatura do meu filho. Não sou de festas. Nem o *amoreco* era. No começo de nosso casamento, ainda saíamos para algum jantar, e ele chegou a me levar a serestas. Esses ambientes foram perdendo a graça, e as oportunidades foram diminuindo quando migramos para a capital e os cuidados com os meninos foram demandando mais.

Não acho que seja uma desfeita tão grande ao meu garoto. Ele sabe que estou com ele, que sempre estive. Ele sabe que os músculos vêm pesando e um cansaço geral me toma o corpo.

Ainda lembro quando o ensinava as primeiras letras do alfabeto, de quando ele se doutorou no ABC. Meu Deus! Esses anos se passaram rapidamente.

A minha menina também está formada. O meu menino grande tem lá seu ganha-pão no táxi. Este seria o momento de o meu velho e eu voltarmos ao interior e descansarmos em nossa casa, de eu me entreter de volta com mamãe em conversas fagueiras de fim de tarde, acenando aos compadres e comadres que vez ou outra param para também jogar conversa fora. Seria o momento de eu abandonar essa cidade grande, motivo de tantos medos, e relaxar em minha terra natal. Mas nem mamãe nem ele estão mais lá. Continuarei, então, com os meninos por aqui.

Sinto de vez em quando um perfume de rosas ao acordar. Será ele que vem me visitar?

— Sra. Park

23 DE JANEIRO DE 2009

Hoje recebi meu primeiro salário. Para quem estava acostumado a só uma mesada, é muita coisa. Decidi pagar um jantar em comemoração. Será tudo por minha conta. Iremos eu, meus irmãos, Mia e sua família. Mamãe não poderá ir.

Nem acredito que está dando certo. Do nada apareceu aquela oportunidade de emprego no Álvaro Weyne. Em pouco tempo, fiz amizade com as enfermeiras das outras equipes, da farmacêutica, dos meus agentes comunitários. No interior eu ganharia mais, mas não posso me afastar de mamãe.

A partir da sexta-feira à tarde, quando folgo, dou-lhe grande ajuda em seus afazeres. O braço esquerdo dela está ficando mais rígido, e só agora apareceu algum tremor. Mas ela anda bem. O cansaço impera ao final do dia, e então ela repousa.

Ah! Sobre pagar o jantar todo por minha conta! Sinto-me crescido. Mia ainda luta na faculdade, mas o internato, sendo eminentemente prático, tem o efeito salutar que teve sobre mim. A dedicação ao seu paciente é tudo.

— Allan

25 DE JULHO DE 2009

Hoje é meu aniversário. Acabei de comer uma pizza com os amigos. Muitos também estão vivenciando o primeiro emprego. Tenho trabalhado um bocado. Decidi pegar terceiros turnos no próprio posto.

Meu livro de medicina ambulatorial já está se partindo de tanto que o uso. Nunca estudei tanta medicina quanto nesses últimos sete meses. Não são coisas graves.

Venho aprendendo do que as pessoas sofrem no cotidiano. Entrando nos lares desfavorecidos, conhecendo o dia a dia dos cuidados de um idoso dependente. As pessoas nos acolhem com carinho. Recebem-nos com esperança.

Dia desses acredito ter salvado uma senhora que identifiquei estar com infecção grave. Chamei a ambulância para levá-la a uma avaliação emergencial.

Às vezes, ao consultório, peço licença para lavar as mãos antes do exame físico, mas na verdade vou ao livro pescar respostas para as queixas que me apresentam! Em pouco tempo, com esse método, já tinha quase todas as condutas do tratado de medicina ambulatorial em mente. Não deixei de ter alguma demora no que achava ser necessário. O coordenador, todavia, vem se aproveitando da minha solicitude, e, pela falta de médicos no posto, tenho extrapolado os deveres do atendimento daqueles da minha área e venho atendendo as áreas de quase todos. No final, é um grande prontoatendimento. Não consigo ter a visão de conjunto do território.

O raciocínio sobre as doenças mais prevalentes vem se tornando automático. As mudanças de doses de anti-hipertensivos e hipoglicemiantes está quase medular. Até perdi o medo de iniciar insulina.

Os casos mais bizarros já apareceram à minha porta. Um homem que amputou o próprio dedo por não mais senti-lo. Não era um surto psicótico, mas uma insensibilidade neural em alto grau.

Outro dia, uma senhora chegou para mim com queixas vagas, e mais desabafou do que direcionou a descrição de uma imagem de doença. Escutei-a com atenção para ver se conseguia capturar algum dado que me apontasse um diagnóstico e uma conduta que a ajudasse, a despeito de um ou outro paciente que lá fora reclamava da demora. Poderiam marcar no posto as pessoas por horário, mas não! Fazem-nas chegar todas o mais cedo possível para não atrasar os registros na recepção. Dá nisso! Reclamam da demora das consultas, quando o tempo de que preciso é o necessário para cada caso.

Temos sempre muitos idosos, totalizam cerca de 20% dos atendimentos, e muitas pessoas com queixas de saúde mental. A senhora que me chegou com queixas vagas, ao final, anuiu: "As pessoas estavam certas, a consulta do senhor é bem psicológica". O que as pessoas entendem por "ser psicológica" é por serem ouvidas em suas dores, por mais que meu intento não seja o de dar vazão aos seus recalques.

Faltando alguns minutos para o fim do terceiro turno, estava eu atendendo uma senhora com azia. Meu cérebro já estava cansado. Ela me viu massagear o rosto e as têmporas, respirar fundo e olhá-la com atenção. Fiquei preocupado por ter demonstrado cansaço. Receei ela ter interpretado como um desrespeito. Ao final da consulta, ela tinha um sorriso vasto de agradecimento. Deve ter pensado que, apesar de ser a última consulta do dia, foi presenteada com o meu esforço por bem conduzir sua queixa, ainda que a conduta final fosse apenas um teste terapêutico com omeprazol e certas orientações dietéticas.

Tenho recebido internos da faculdade para conduzi-los nos aprendizados de medicina comunitária, e venho me dando bem em ensiná-los. Certa vez, de tanta atividade prática que tínhamos, um deles sonhou com sessões de discussões de casos em que eu lhe apresentava aspectos filosóficos da medicina de família ao final de uma série de queixas orgânicas. O sonho era verossímil.

— Allan

4 DE NOVEMBRO DE 2009

Meu filho acabou de passar por um livramento. Voltando do trabalho, no sinal fechado, um rapaz lhe abordou, e outro abordou o carro da frente. Desnorteado, porque meu filho não abria o vidro, o rapaz, aparentemente drogado, desiste de seu carro e ajuda o companheiro a atacar o carro da frente.

O bairro onde ele trabalha é perigoso, assim como os outros por onde ele passa. Deus o proteja. Todos os dias, quando cada um deles sai por aquela porta, envio-lhes esta oração: "Chagas abertas, coração ferido, seja o sangue de Nosso Senhor Jesus Cristo entre cada filho meu e o perigo".

— Sra. Park

18 DE DEZEMBRO DE 2009

Acabei de saber que passei na residência de medicina de família. Estou seguindo aquele caminho que é ao mesmo tempo meu e de meu pai. O de meu pai que acolhi no coração. Ou, ainda, o caminho que sempre foi o meu, sem ainda ter consciência disso.

Estou esgotado deste emprego atual. Tenho dor nas costas e a planta do pé em contratura de tanto ficar sentado em atendimento. Tenho os cotovelos desidratados pela pressão contínua na mesa do consultório. Até contra o coordenador do posto ralhei, por ele não parar de colocar sobre mim trabalhos que vão para além das minhas obrigações de território. Ora, mas acabei sendo complacente com essas demandas excedentes. Empolgação de iniciante sentida agora pelo corpo cansado. São sinais de que é chegada a minha hora.

Fiz amigos sinceros entre todos aqui. Faremos um jantar de despedida na casa da Drica. Tirarei férias para tomar um fôlego e mergulhar em uma grande jornada de conhecimento. Parte do esgotamento vem de ser um cavaleiro solitário, pelo menos entre as decisões médicas, em meio a um povo pleno de necessidades. Não tenho todas as respostas e o tempo para encontrá-las é exíguo diante de tanto trabalho. Quem sabe, imerso em um regime de treinamento prático como é toda residência, não ganhe a segurança que me falta para ir além?

— Allan

27 DE NOVEMBRO DE 2010

Como cresci este ano! Fiquei ao encargo de internos na equipe que assumi. Gosto de ensinar. Faz-me mais senhor dos conhecimentos.

Durante a semana, tinha os momentos de preceptoria clínica às segundas-feiras pela manhã, pediatria à tarde, endocrinopatias em horário integral às quartas-feiras, gineco-obstetrícia às quintas. Às terças, por não ter preceptor, organizava de quatro a cinco salas com internos espalhados por elas, vendo e discutindo casos eu mesmo. Alguns deram para chamar esse dia de "o ambulatório do Dr. Allan".

Às sextas-feiras de manhã, pegávamos os casos mais icônicos da atenção primária que surgiam nos atendimentos diários e fazíamos sessões de casos clínicos. Como as que acontecem nos hospitais, só que no postinho. A partir do meio do ano, trouxe para os debates os residentes da multiprofissional, com os quais vez ou outra fazia visitas domiciliares de pacientes complexos, que se beneficiavam, assim, de uma abordagem ao mesmo tempo médica, farmacêutica, fisioterápica e de assistência social. Eram idosos perdidos na sua polifarmácia, com alto risco de queda, ou ainda aqueles negligenciados nos cuidados, fragilizados, afundados em uma rede ou cheios de contratura sobre uma cama.

Lembrei-me das visitas que papai fazia no interior, e nas quais eu me metia. Até então eram imagens nebulosas nas memórias de infância, que tinham a atenção mais voltada ao colorido das paredes ou aos objetos das estantes. A partir dessas experiências, outra parte da imagem se desvela aos meus olhos: eram sofredores crônicos, demandantes de um cuidado prolongado não hospitalar. Eram também os cuidadores sobrecarregados, costas encurvadas pelo peso das obrigações de tudo. Alguns lhe sorriam gratos ante as recomendações, outros pareciam lamentar o acréscimo de cuidados que deveriam devotar a partir das prescrições médicas.

Dito isto, sentindo-me com pés firmes no pórtico da idade adulta, devo tomar uma decisão. Mia está prestes a se formar. Ela tem partilhado comigo todas estas aventuras. Quero-lhe ardentemente, e é fácil imaginar uma família com ela. Seu silêncio tímido inicial já se transmutou em uma conversa natural. Nossos sonhos, temos sonhado juntos. Tivemos algumas brigas, que perderam o sentido quando nos bateu à porta a saudade. E, tendo-a de novo e mais uma vez nos braços, a certeza de tê-la para sempre aumentava.

Eu a pedirei em noivado na semana que vem, antes da festa de formatura. Tempos modernos, não comprarei a aliança. Eu a convidarei para comprarmos juntos. É isso. Não vejo o cenário de ela não aceitar meu pedido. Espero que aceite.

— Allan

1º DE DEZEMBRO DE 2010

Tive um sonho que há tempos não tinha. Nele estou presa em um castelo, acorrentada. Não há ninguém por perto. Grito por uma ajuda que não vem. Aos poucos vou perdendo a voz, e até a possibilidade de chamar por socorro me escapa. Vou lutando até o último momento para me desvencilhar dos grilhões. Quanto mais eu os sacudo, mais eles se acocham e me ferem. Quando a dor é insuportável, eu desperto.

Na vida real tenho comigo um corpo de dores. Meu braço não me obedece. É um fardo que carrego do lado esquerdo do tórax. As pernas vêm ficando mais pesadas mês a mês. Os remédios não me servem como o prometido pelo médico. E, agora, o filho que mais me ajuda está prometido para se casar.

As conexões parecem óbvias entre o sonho e a vida. Ainda que tenha esse sonho desde a infância. Era o meu pesadelo de estimação. Aprendi a conviver com os suores que ele me dava. Tive uma trégua nesses anos ao lado de meu esposo. Agora ele retornou.

Não poderia ser diferente. Meu menino sempre foi expansivo e cheio de amor. Enganava-me pensando que poderia ser meu para sempre. De madrugada, quando acordo neste corpo rígido, tê-lo ao meu lado me dá certo ânimo e algum consolo. Vejo, porém, o seu esforço de conciliar duas vidas: a do homem que clama pelo mundo e a do filho que se apieda vendo a mãe doente. Eu não queria ser a pedra em seu caminho.

Às três da manhã, está ele aqui ao meu lado me fazendo companhia enquanto a dose do remédio me traz alguma calma para os movimentos. De vez em quando preciso de massagens que tirem a sensação destas agulhas e deste fogo que algum gênio mau plantou em mim.

Aproveitando as horas adicionais da madrugada, ele estuda com um aparelhinho incandescente em seu rosto. Às vezes são textos, outras vezes vídeos. Ele vem se esforçando para ser um bom médico. Fiquei assustada quando ele disse ao seu pai que não mais o seria. Pela primeira vez revelara-nos todas as suas desditas na faculdade. Senti que o coração do meu velho se abalara naquela noite. Graças a Deus que não se concretizou. Olha ele aí! É a imagem moderna do que chamávamos de queimar as pestanas, quando, como eu o fiz, tínhamos de estudar à luz de velas para ser alguém na vida. Terei sido eu alguém na vida?

Abandonei um futuro acadêmico para ser esposa e mãe. Mas, o que estou dizendo? Claro que valeu a pena! Os meninos estão criados. Todavia, minha mãe está morta, meu marido também, e meu corpo vem paulatinamente se rebelando contra minha vontade. Deixemos de pensar asneiras, senão entro em depressão.

Desejo-te toda a felicidade do mundo, meu filho!

— Sra. Park

13 DE JUNHO DE 2010

Estamos em Buenos Aires, em lua de mel. Eu nunca havia saído das cercanias do norte do Ceará e, de repente, encontro-me em Buenos Aires. Tendo que me virar na comunicação em castelhano.

A cidade é linda. Dizem ser a Paris da América Latina. Há muita história em seus monumentos. O clima é frio e brinquei com a Mia de soltar fumaça pela boca. Comprei um casaco de couro e um chapéu. Comemos *medialunas* e *jamóns*. A cultura da carne se assemelha ao que imagino ser no sul do Brasil. Tivemos aulas de tango. Saboreamos vinhos e queijos. Percorremos os bairros turísticos, e Mia ficou particularmente encantada com o Caminito.

Devo confessar que tenho um ponto fraco grave: fico arisco quando estou perdido, ainda mais se estiver com fome. Sem saber direito a língua, tendo que me virar com gorjetas que não vêm já inseridas na conta, pegando táxis que dizem querer enrolar os turistas, meu medo finalmente se concretizou quando notei ter sido roubado no metrô. Mochila dando sopa às costas, um larápio prestidigitador levou um estojo que guardava no bolso traseiro. A partir de então era levar ou não a mochila ou levá-la virada para a frente.

Um vulcão entrou em erupção no dia em que deveríamos voltar para o Ceará. Hospedamo-nos por dois dias em dois hotéis diferentes, reservados de emergência pela empresa que contratamos para organizar nossa viagem. A fumaça do vulcão no céu refletia algumas nuvens que passavam pela minha cabeça.

Eu estava em uma cidade maravilhosa com uma mulher linda, mas como será que estava minha mãe? A partir de então, casado, não me caberia acalentar suas noites insones de dor. Havia saído de casa para construir a minha própria. Ela não foi ao casamento. Dizia estar com muitas dores. O remédio não fez efeito nenhum, e a rigidez tomou seu braço mais afetado.

No nosso casamento, direcionei-me ao altar cantando e quase dançando, ombreado por minha tia. A cerimônia se deu em uma igreja à beira-mar. No meio da celebração, o padre me permitiu fazer uma prece de improviso, como é de costume entre os espíritas. Agradeci por ter encontrado o amor afável nos braços de Mia, pedi pelos muitos doentes incapazes de viver a vida, encarcerados em suas dores, roguei especialmente por minha mãe. A prece me fez derramar lágrimas quentes, as minhas e de mais alguns dos convidados. Um amigo afirmara que naquele momento eu não parecia eu. Era como se falasse animado por forças do além. Apesar da ausência materna, eu estava feliz.

— Allan

5 DE DEZEMBRO DE 2011

Tive um sonho estranho. Sonhei que estava nas ruas de Nazaré à época da passagem de Jesus pela Terra. Mamãe estava naquelas casas rústicas, tentando fazer café com dificuldade. Eu ouvira a notícia de que Jesus passava pelas redondezas. Meu coração se encheu de esperança. Impotente diante da doença de minha mãe, largava tudo o que estava fazendo e ia atrás de Jesus. Corria desesperadamente. Esbarrava em vasos expostos pelos caminhos, que se espatifavam no chão. Deparei-me com aqueles olhos de um brilho divino. Não tive forças para dizer qualquer palavra, e ainda assim ele parecia me entender. Ele passou. Não consegui me aproximar por causa da multidão. Mas senti que um milagre nos tocara.

Voltei à casa de mamãe. Cheguei gritando: "Encontrei, mãe! Encontrei Jesus!". Deparei-me com ela, mas nada havia mudado. Ela ainda tremia, e tentava conter o braço trêmulo sentada à mesa da cozinha.

Hoje é o dia em que Mia irá se internar no hospital para fazer a curetagem do nosso primogênito. No primeiro ultrassom seu coração se mostrou silente. Repetimos uma semana após, com um outro ultrassonografista, meu professor da residência, apenas para confirmar e sair da negação. A curetagem era necessária, porque o embrião morto mantido no útero dela poderia gerar distúrbios de coagulação. Não soltei sua mão em nenhum momento. Queria que ela soubesse o quanto eu estava com ela.

— Allan

13 DE OUTUBRO DE 2013

Meu neto nasceu. Tive-o nos braços agora há pouco. Eu vi o quanto meu filho e sua esposa ficaram abalados à época da primeira gestação. Mas agora o rebento veio com vigor. Quando a emoção me aperta, os remédios tendem a não funcionar. Mas Deus colocou a mão e eu consegui segurá-lo nos braços.

Por um momento, um dilatado momento, pude ter meu neto nos braços. Ele dormia profundamente. Não deve ter sido fácil a experiência de nascer. Sua respiração é forte e variável. Até isso deve estar aprendendo a controlar.

Nesta cena, dele aqui comigo, temos os dois extremos que se tocam. Eu, na perda do controle do meu corpo, e ele, a rápidos galopes, conseguirá controlar o seu.

— Sra. Park

14 DE NOVEMBRO DE 2013

Estou prestes a apresentar meu mestrado em Saúde Pública. Diante das desditas da faculdade, não imaginava que chegaria tão longe. Afinal, não era um problema de incapacidade, mas apenas de deslocamento.

> No meio da clínica dura e das ciências que se querem exatas, não me encontrava entre os meus.

Para esse mestrado, passei em excelente colocação. Cumpri suas cadeiras de forma exemplar. No meio das muitas profissões que se somam por aqui, tenho liberdade de diálogo com todas.

Expus a minha experiência do projeto de palhaçoterapia com a filosofia de que ela precisa, a sociologia que lhe cabe, a poesia que merece. Está tudo aqui, enfim. Não há de dar errado.

Há um mês nasceu meu segundo filho, o menino João. Ou seria o primeiro que retorna? O primeiro número que apareceu na tela do ultrassom foi 127, eram seus batimentos por minuto. Aqueles batimentos se fundiam com os meus. As pessoas ficaram confusas com o seu semblante. Se era mais eu, se era mais ela. Somos os dois e mais algo que nos surpreende e nos supera à medida que nos abraça. É a primeira vez que ele sai de casa, e o fez para me prestigiar na minha defesa.

As meninas e os meninos do projeto me fizeram uma surpresa. No término da apresentação, um amigo começou tocando flauta e todos os outros, uns vinte ao todo, fizeram coro cantando o que demos para chamar de hino do projeto, redigido e melodiado por um membro afetivo nosso, Johan.

— Allan

29 DE AGOSTO DE 2016

Esmeraldites[6]. Tudo começou com um bócio detectado pelos olhos leigos de minha cunhada. Pela epidemiologia, tinha tudo para benigno. Mas pela dimensão, o cirurgião de cabeça e pescoço achou melhor operar. Já havia perdido peso intencionalmente no início do ano. Esforçava-me por perder mais. Sabia que assim facilitaria a cirurgia.

À mesa de operação, a anestesista, instilando uma sedoanalgesia na veia, dava-me voz de comando para que eu não deixasse de respirar. Ela queria só ver até onde eu me mantinha acordado, para que então ela pudesse entrar com o tubo. Eu sei disso, porque há três anos venho conduzindo sala vermelha em unidades de pronto atendimento e vez ou outra uma intubação é necessária.

Eu estava acima do peso no ano passado. A rotina de plantões nos deixa desleixados, sem falar dos cortisóis endógenos que nos mantêm alertas na calada da noite,

---

6 Gíria médica que se refere a fenômenos patológicos que acontecem apenas com os médicos, contrariando a epidemiologia mais comum.

quando uma gritaria ou um tilintar de macas passa correndo ao ambiente de parada cardíaca.

Despertei três horas depois, já na enfermaria de recuperação. Retiraram o tumor, era câncer. Tiveram que retirar toda a tireoide e me prescreveram uma terapia com iodo radioativo para exterminar qualquer resquício de célula anárquica tireoidiana em meu corpo.

A dose não seria tão alta, mas por precaução eu deverei me afastar por uma semana de minha esposa, que está grávida do terceiro bebê. Bernardo já está enorme em seu ventre. Mas ainda há chance de eu maltratá-lo. Irei me abrigar no apartamento de mamãe, isolado em algum canto por lá. Dizem-me todos que é coisa simples, que, dos males, o menor. Mas são tantas as precauções que tenho de ter para não irradiar os circunvizinhos, que é impossível não pensar qual o mal que pode existir para aquele que ingere a coisa. A literatura fala de um aumento percentual desprezível de incidência de leucemia. Nunca é desprezível para aquele que da estimativa é alvo.

Alguns eventos nos fazem repensar
o que fizemos até então.

Com o mestrado, tenho sido professor de uma faculdade de medicina, dos mais diversos semestres, em cadeiras de saúde comunitária. Para completar a receita de casa, não tendo conseguido um concurso nas estratégias de saúde da família da capital, eu me vi obrigado a dar plantões no hospital geral, no qual estava cercado de amigos que, tomando a minha mão, ensinaram-me as rotinas hospitalares e alguns procedimentos cirúrgicos. Passei na seleção das unidades de pronto atendimento, rapidamente sendo convidado a exercer cargo de chefe de equipe, conduzindo os pacientes que necessitavam de internação e estabilizando os que nos chegavam críticos.

Sou um dos palestrantes do movimento espírita local. Ainda não publiquei um livro, não ajudei a crescer nenhuma planta, mas João já tem três anos, e acredito que terá muito o que contar sobre mim. Ora! Já falo como se me despedindo. Ainda não é o momento, tenho muito pela frente.

— Allan

05 DE SETEMBRO DE 2016

Está acontecendo algo de grave na vida do meu filho que ele não quer me contar. Diz que está fazendo um tratamento simples de tireoide que requer uma radiação, encosta um colchão no chão da sala, ao lado da parede, e passa o dia todo de lá para a varanda, lendo ou meditando.

Nossa família tem sido alvejada com múltiplas dores sem descanso. São perdas crônicas e outras agudas. Talvez eu esteja reclamando de privilégios que poucos têm.

Dia desses, li uma parábola de Buda. Uma mãe que perdeu o seu filho chega para o sábio que ela acredita ter poderes sobre a vida e a morte. O sábio pede que ela traga uma semente de mostarda de uma família que nunca tivesse tido perdas. Ela vai em busca da semente, não a encontra nas condições que o sábio exigiu, e nem volta mais ao sábio.

Por que ela não voltou?

Pelo meu filho, eu teria voltado, ou buscado qualquer outro que soubesse fazer milagre. Há algum tempo, nessa hora da noite, era ele que estaria aqui ajudando a acalmar o meu tremor e a aliviar minha rigidez. Agora ele está ali. Sei que está acordado, mas finge dormir. Não quer se aproximar de mim. Não quer ou não pode? O que será que se passa com ele?

— Sra. Park

13 DE OUTUBRO DE 2016

Eu experimentei a fragilidade da vida e as voltas que ela dá. Agora tenho o Bernardo nos braços. Ele é tão pequeno. Dorme o sono da preparação para o que lhe espera... ou talvez apenas o sono dos inocentes.

Cheio de hormônios da mãe, seus olhos engolem o mundo. Negros, azuis, cinzas. Mudam de cor. Fico em frente a ele para que grave o rosto de seu pai para sempre. Sigo-o pelos corredores até o berçário. Tomo-o pelo braço até aninhá-lo no peito da mãe. Mia se ressente da cesárea, da dor nas costas, da arritmia que nos assustou durante o pré-natal. Algumas noites insones nos esperam até que o espírito do menino se adéque ao novo corpo que anima agora entre nós.

Saindo daqui, vou levá-lo direto para mamãe. Quero que ela tenha um neto nos braços mais uma vez. Não sei se será possível. Os remédios têm cada vez menor duração. E, quando estão ativos no cérebro, os movimentos já não são tão coordenados. Não tem problema. Eu seguro os braços dela junto com ele, pelo menos para uma foto.

— Allan

1º DE JANEIRO DE 2019

Tenho tido muitos sonhos com os amores que me antecederam. Na quarta-feira passada tive certeza de ter visto mamãe ali na porta. Ela velava meu sono com carinho. Quando me virei, a impressão de sua presença era tão nítida que a chamei alto. Porém, ela desapareceu em uma fumaça prateada.

Desde o mês passado, e particularmente no dia de Natal, senti a presença dele, do meu amor. Às vezes me pergunto se ele já arranjou outra mulher do outro lado. Alguns sonhos me trazem a imagem dele trabalhando como médico em meio a muitos sofredores da alma. Na noite de Natal, não o vi, mas a sensação de sua presença era tão forte que quando acordei havia uma cova do meu lado no colchão, como se alguém tivesse passado a noite ali, sentado. E ela ainda estava quente. De novo, senti o perfume de rosas.

— Sra. Park

26 DE OUTUBRO DE 2019

Mamãe cedeu. Aceitou comprar a cadeira de rodas, a cadeira de banho, e fazer uma procuração para que eu pudesse movimentar suas contas. O *internet banking* travou por um motivo que ignoro. E ela já não pode mais ir ao banco. Tentamos semana passada, mas apesar de ela ter sido prioridade na espera, bem na hora de ser chamada ao gerente, o efeito do neuro-hormônio se desfez, e não pôde mais assinar. Demorei para encontrar, mas finalmente achei um cartório que viesse em casa.

Estou aqui junto com o *office boy*. Quando ele chegou, notei sua admiração pelo estado em que o apartamento se encontrava. Há tempos venho propondo mamãe de se mudar para o meu lado. Averiguei que a reforma de sua casa, com as adaptações de que ela precisaria nesse estágio da doença, não duraria mais que três meses. Ela desconversava. Quando insistia, ela replicava com força que tudo do que ela precisava, das facilidades da vizinhança e dos vizinhos, estava ali. Ademais, o lado da cidade em que vivo era quente e sem vento. Eu dizia que a solução era simples, só colocar um ar-condicionado. Ela silenciava, ignorando de vez minha proposta.

— Allan

Entretempo.

Perdi a noção do tempo desde que meus olhos se fecharam na busca do último fôlego neste hospital. Sinto que o corpo, enfim, já não me pertence, mas não posso sair dele. É a materialização daquele pesadelo que há muito me perseguia. Mas não via que, na verdade, sou eu que não o quero abandonar. Preciso que meus filhos me façam uma última promessa, mas como fazê-los entender o meu desejo se a respiração escassa e os nervos depauperados não me permitem esboçar qualquer som?

(...)

Escuto um padre a me dar a extrema-unção e um coro de vozes a rezar um pai-nosso e uma ave-maria. Ah! É um refrigério para alma. Escuto, talvez, pela última vez na carne, a voz de minha adorada irmã e de meus sobrinhos. Devem ter vindo depressa me ver. Será que ela consegue ler meu pensamento e transmiti-lo aos demais?

(...)

Canções se acercam de mim, e uma doce leitura do evangelho me invade a alma. Meu esposo se aproxima. Finalmente o enxergo por inteiro, sem sombras. Ele me sorri. Entende minha vontade e diz que volta em breve para me levar.

(...)

Meu menino mais velho está aqui comigo. Não escuto outras vozes, só a dele. Como me dediquei a você, criança! Tenho tanto medo do que vai ser de você sem mim. No entanto, você é um homenzarrão, e lhe vejo tão pequeno. O que será de você sem mim?

(...)

Esse toque já conheço há muito. É o caçula. Sinto seu cheiro quando entra no quarto. Quantos dias faz nessa espera? Meus netos devem estar sentindo sua falta.

(...)

Essa é minha menina. Seu choro é tão sentido. Acho que nunca lhe disse o suficiente o quanto tenho orgulho de você. Perdoe-me se lhe pus obstáculos no caminho. Perdoe-me por ter adoecido tanto. Não tenha os mesmos medos que tive. E jogue fora a angústia de viver. Curta a vida, minha pequena. Você merece o melhor!

(...)

Sinto que hoje é meu último dia. O pulmão se afoga em secreções. Os rins já não filtram as escórias. A pele já dá sinais de sofrimento. Preciso abrir os olhos e falar meu último desejo.

Pronto! Consegui! Quem é esta moça bonita à minha frente? Espero que ela entenda que preciso falar com os meus. Ah! Entenderam. Estão todos aqui. Estão vindo um a um até mim. Por Deus! Até a voz do Bernardinho tenho ao meu lado. Eles estão dando as mãos. Os irmãos estão dando as mãos e prometem para mim que cuidarão uns dos outros. É isso, só isso que uma mãe precisava ouvir. Quero que eles sejam unidos. O mundo não é fácil, mas, se eles forem um, passarão com menos arranhões.

Não aguento mais. Este corpo pesa como nunca, e agora ele já não sou mais eu.

REMEDICINANDO

Texto que escrevi como desabafo pela morte de mamãe, e que distribuí a alguns amigos que testemunharam sua luta com a doença até o final.

Vitimada há catorze anos por um Parkinson raro que provocava nela tremores, dores e uma rigidez que nunca havia permitido brincar com meus filhos, entra na emergência com pneumonia grave já com uma vontade previamente expressa de que não queria UTI.

Rapidamente foi iniciado o antibiótico, mas, por medida de conforto, tamanho foi o desespero do cansaço que a sedaram. Eu pensei que ela morreria no mesmo dia. Pedi para meu primo que não trouxesse minha tia, não daria tempo. Só que ela não morreu. O coração batia forte, apesar de uma respiração fraca e superficial. Sete médicos a rondavam e constatavam atônitos: ela resiste. Eu pensei: ela vai esperar para se despedir da tia. Convoquei com urgência nossa família do interior. Eles chegaram rápido. Juntamo-nos, choramos seu estado, afagamo-la, oramos, conseguimos um padre que conduzisse a unção dos enfermos. A cada instante da cerimônia, eu pensava: agora ela vai.

Vocês que não têm ideia de pacientes críticos nunca poderão entender o milagre de um coração resistir viver sob o peso de uma respiração dificultosa, borbulhosa, adicionado de dois sedativos-analgésicos endovenosos, em infusão contínua, extremamente necessários, todavia, para tirar sua dor. Ela resistia. E até mesmo deu sinal de melhora da oxigenação, da pressão. Eu pensei: ela quer voltar.

Insone que estava, vigilante para que a equipe do hospital a tratasse com todo o desvelo e sem procedimentos desnecessários, madruguei no outro dia em busca de agilizar os exames que apontassem seu caminhar para a recuperação, o que justificaria tirar a sedação. Três médicos estavam de acordo com essa ideia. Descobri, ao contrário, que o corpo dela entrava em falência. Desesperei-me. Tive raiva dela: a senhora nunca fez o que os médicos queriam, sempre cuidou dos outros e esqueceu de si, e mesmo agora, na morte, você é cabeça-dura. Pare de sofrer!

Paralisei no ar. Vaguei perdido pelos corredores. Ia e voltava de casa tentando entender o que ela queria. Tive a ideia de uma reunião espírita com meus amigos para cantar e ler o evangelho. Preparamo-nos no outro dia para tal. A respiração dela do mesmo jeito, terrivelmente fraca, ruidosa, o coração pulsando forte.

À noite, então, estávamos lá, dez pessoas no quarto cantando em coro músicas espíritas que falavam de Jesus, da libertação da alma, da renovação de tudo. O espírito de meu pai se comunica, falando estar preparado para recebê-la. A cada instante eu olhava para o peito dela, que resistia, resistia e resistia. O que fazer, meu Deus?! O que fazer?!

Meus pés estavam inchados de tanto andar e meditar em pé, buscando alguma resposta. Meus nervos já deliravam querendo saber se algo da medicina havia sido equivocado. Passei e repassei a história daquela internação para seis médicos. Eram unânimes: não se culpe, tudo o que foi feito está nos conformes. Para a doença dela não cabiam de fato procedimentos invasivos. Além do mais, era da vontade dela não ser intubada.

Gritei dentro de mim: "Se você morresse! Mas você não morre! Você é dura!". Continuei o tresvario. Será que ela realmente não queria ser intubada? Eu tinha ouvido isso de sua boca. Saí perguntando para os mais próximos se também ouviram. Minha irmã confirmou, minha esposa também ouvira. Todos os cuidadores que revezaram os cuidados dela ouviram a mesma coisa. Será que todos deliravam igual a mim? Meu Deus, se todos deliram, e eu fui aquele que abriu a boca para dizer à equipe médica que a suposta vontade dela era aquela... eu... matei... minha mãe.

As enfermeiras já suspiravam aflitas quando eu repisava o corredor. Todas as vezes que chegava no posto de enfermagem era com os olhos vermelhos ou lágrimas grossas rolando pelo rosto. Meu irmão não dormia. Meu primo não dormia. Minha irmã não dormia. Tive vontade de sair rua a fora. Em vez disso, saí com um amigo, recontei para ele tudo. Ele novamente me mostrou que nada faltava.

No último sol dessa aflição, escorado ao leito do hospital, tive a ideia de, mesmo com todos os indícios de deterioração clínica, desligar todas as bombas de analgesia e sedação, deixá-la acordar, ainda que em agonia brutal, para que gritasse o que queria. Compartilhei a ideia com o médico do dia. Diante do meu sofrimento e da própria angústia dele sem entender aquele fenômeno de resistência, anuiu que fizéssemos um teste. Qualquer indício de sofrimento seria necessário voltar a infusão de sedativos.

Combinado feito, a bomba foi desligada.

Enquanto esperava ao seu lado, olhando fixamente seus olhos, sua boca, seu braço, se este voltava a tremer, eu, que passei esses últimos catorze anos pedindo aos céus que aquele braço não tremesse mais, estava ali esperando qualquer sinal de retorno de consciência e falando com amigos, entre eles uma paliativista que disse delicadamente para mim: não faça isso. A morte é um momento muito especial de cada um. Cada qual faz do seu jeito. Este é o jeito dela. Ela deve estar com medo da passagem. Respeite-a. Não deixe que aconteça com dor, com desespero. É o tempo dela na vontade divina. Eu vou aí.

Então religamos a bomba, e pela primeira vez fui esclarecido de que a audição e o tato são os últimos sentidos que a pessoa perde. Chamei meu irmão, que chorava e chorava, mas ainda não tinha tido um momento a sós com ela. Pedi que todos saíssem do quarto, que aquele momento era deles. Ele passou cerca de dez minutos falando. A médica, então, mobilizou mamãe, tentou diminuir o desconforto respiratório dela. Tudo com muito cuidado. Falando com ela todo o tempo, tocando nela com muito carinho.

Minha alma estava se acalmando. Parecia que a médica fazia massagens no meu coração. Cada palavra dela era um alento. Respeitou minha dor e todos os meus movimentos de filho médico até agora. Mas disse, enfim: não seja mais médico, seja só filho. Toda e qualquer decisão, ligue para mim. Sugeriu-me então uma enfermeira paliativista, que combinou vir às seis da tarde.

Fui em casa tomado por uma paz que fazia dias não tinha. Revi minha esposa, meu filho mais novo, o mais velho havia saído com a outra avó. Deitei-me na cama e tive a ideia de fazer um áudio com a mensagem dele para a vovó que estava no hospital. Havia sido conselho da médica.

Às 18 horas em ponto estávamos no hospital, todos os cuidadores, minha irmã e minha esposa. A enfermeira massageava minha mãe e explicava como se deveria massagear. Os cuidadores seguiam suas orientações. Começaram a mobilizá-la, em busca de confortar sua respiração.

Já se iam cerca de noventa horas de respiração ruidosa, que naquele dia havia sido amenizada pelas intervenções das paliativistas. Eu comecei a entender que aquele momento não era a resistência de mamãe, mas a última fase de sua doença. Uma fase em que ela, livre das dores, dos tremores e da rigidez, tinha a oportunidade de passar os últimas dias com os que amava.

Esses dias, para mim sombrios, para ela haviam sido os dias em que recebera orações como nunca, cânticos, declarações, cuidados à vontade. Os cuidadores se uniram, entendendo que seria o último esforço. Ela ouvia falarem dentro do quarto, lembrando do quanto ela foi mãe de todos. Até dos cuidadores. Relembravam seus gostos, seus afetos, o quanto era feliz com todas as crianças que se aproximavam dela.

As massagens em seu corpo continuavam, quando de repente ela abriu os olhos. A enfermeira percebeu aquela oportunidade única e disse: Allan, conduza todos para que falem com ela um a um. O último de nós, meu irmão, chega para visitá-la exatamente nessa hora.

Olhos semicerrados, cada um olhou naquele acastanhado bonito e falou: os cuidadores, que ela não se preocupasse que também cuidariam de nós, seus filhos, e nós, os filhos, que ela partisse em paz, que cuidaríamos uns dos outros, feito irmãos.

Nunca havíamos dito isso para ela, separados que estávamos pelo trabalho de cada um. Por fim, coloquei o áudio do meu caçula no ouvido dela, olhando no fundo de sua alma. Terminado o áudio, a enfermeira toma a dianteira para melhorar a posição dela na cama. Foi quando eu e minha esposa percebemos o último suspiro. E a cor do lábio se esvaindo.

Eu dei alguns passos à frente e tomei seu pulso. "Ela morreu", disse. Choramos. Agradeço à enfermeira por ter proporcionado aquele momento. Convido todos a se darem as mãos em um grande círculo ao redor do corpo de mamãe. Agradeço a Jesus por aquele momento com palavras de improviso nascidas do coração. Emendamos com um pai-nosso e uma ave-maria. Abraçamo-nos uns aos outros. Agradeço a cada um e a todos.

Mamãe atravessara, enfim, o portal. Era aquilo. Tudo foi tão rápido, ela só queria ter a certeza de que não ficaríamos desamparados.

O (RE)ENCANTO

CAPÍTULO 5

É PRECISO DESENCANTAR PARA REENCANTAR

"Antes de curar alguém, pergunta-lhe se está disposto a desistir das coisas que o fizeram adoecer."

HIPÓCRATES

O mundo em que vivemos imediatamente pós-pandemia da Covid-19 (2020) trouxe mudanças que experimentamos para além das vidas que nos deixaram, e que afetaram as escolhas do meu exercício profissional.

Mamãe não morreu por causa da Covid. Foi poupada dela. O primeiro caso no mundo havia sido registrado em novembro, e a chegada ao Brasil do caso-índice se deu em fevereiro de 2020.

Durante esse período, uma nuvem de medo se aproximava paulatinamente do Brasil. A nuvem já estava saturada de vírus e singrava o Atlântico com olhos calmos e tenebrosos. Pouco antes de ela aportar, os alardes da imprensa internacional das devastações no velho mundo, somados aos boatos viralizados nos meios de comunicação, tornaram nossas emergências desertas. Era o vazio que todo tsunami provoca tomando fôlego para atacar.

Em um mês, fomos gradativamente vendo as pessoas que chegavam com oxigenação baixa lotando os corredores das UPAs, a equipe de engenheiros redesenhando os locais para a multiplicação dos pontos de O_2 e os pacientes acumulando-se aos montes em nossos leitos, sem vazão para hospitais. O diálogo que tive com a reguladora do SAMU no meu último plantão diurno antes de eu ser contaminado havia deixado clara a situação da cidade:

— Tenho um senhor de 52 anos com quadro de síndrome gripal cuja pressão arterial de oxigênio se mostrou em queda na segunda reavaliação após sete dias de doença. No momento está taquipneico[7], contudo, não temos mais nenhum ponto de O_2. Haveria como proporcionar uma remoção para uma unidade com algum ponto sobrante? Faço a solicitação.

— Amigo, peço que aguente firme aí com esse paciente. Não há nenhuma unidade com ponto de O_2 sobrando na cidade — responde-me a reguladora.

O que havíamos visto na televisão estava materializando-se por aqui.

O meu próximo plantão foi exatamente 24 horas depois deste episódio. Nele, não dormi um só minuto. Entubei três pacientes em insuficiência respiratória. Um deles já em meio a uma parada cardíaca. Todos com o desenvolvimento de uma assincronia persistente na ventilação mecânica do tipo que eu nunca tinha visto nos últimos sete anos de

---

7 Termo médico utilizado para designar respiração muito acelerada.

trabalho em emergência, a despeito de altas doses de sedativos. A busca de otimizar a ventilação consumia ainda mais tempo.

> O plantão se findou comigo tendo de proporcionar um canto na sala vermelha para que uma filha já idosa pudesse prestigiar a própria mãe nos momentos finais.

Dali, ainda insone, fui correndo para o outro lado da cidade para pegar um oxímetro de pulso com um amigo, pois aquele acessório tinha virado tão indispensável quanto o estetoscópio. Na volta para casa, no meio da estrada, recebi uma mensagem inesperada da minha terapeuta: "Eu sei que você deve estar ocupado, cuidando de muita gente. Mas queria lembrá-lo de que você deve se cuidar também. Saiba que estou aqui, como terapeuta, como ombro amigo. Se precisar, a gente combina um horário para conversar".

A mensagem me pegou tão desarmado que me colocou em contato com sentimentos que sufocava, como os de que eu estava com medo de morrer, de me afastar fisicamente dos meus filhos e de minha esposa, de deixá-los desprotegidos. Apesar de uma educação espírita desde a infância, que reforçava a imortalidade da alma, quando se vai crescendo e se acercando de amores carnais, a vida do espírito desencarnado se torna cada vez menos atraente.

Lágrimas eclodiram do rosto, impulsionadas a partir do coração aquecido por aquele texto simples. Olhei para toda aquela pista vazia em torno de mim e soltei um grito de dor.

Limpei rapidamente os olhos para darem conta da direção do carro. Senti os lábios e as mãos formigarem. Tentei respirar com profundidade para me recompor. Necessitava chegar em casa e dormir um pouco, para conseguir participar de um treinamento oferecido pelo instituto em que eu trabalhava.

Não consegui dormir e, durante o treinamento, senti tontura. Terminei a prática e, de volta em casa, tomei um banho demorado e tombei na cama. No outro dia, acordei e tossi uma primeira vez. Algo normal para quem tem rinite alérgica. Tossi uma segunda vez e logo em seguida um pigarro. Senti-me fraco. Teriam sido as horas em claro do dia anterior? Não poderia arriscar. Anunciei o meu estado de saúde à minha esposa e me isolei no quarto, preparado para ficar lá pelos próximos catorze dias. Ainda no mesmo dia, à noite, sentiria a primeira febre. Três dias depois, a confirmação, com o teste positivo.

Trouxe o computador e o videogame para o quarto, a bombinha de asma, o oxímetro e alguns livros. Maratonei séries, dei cabo de alguns filmes que estavam na lista de espera, baixei um jogo de um ninja cuja missão era levar um pergaminho para o outro lado do mundo enquanto matava demônios no caminho, e deixei o celular por perto e sempre carregado para me manter em contato com um amigo médico acerca de meus sintomas.

No segundo dia de doença, apresentei uma saturação um pouco baixa ao oxímetro. Meu amigo estranhou ser tão cedo. Achava que estava errado, mas solicitou que eu confirmasse com uma gasometria. Ordenei afastar as crianças do caminho por onde eu passaria. Saí do quarto, pulei no carro, fui ao laboratório, coletei a gasometria. Era engano do oxímetro! Um colega que estava na linha de frente com casos graves foi me ver, me auscultar, analisar meu estado geral, estava tudo bem. Não havia sido meu amigo a me visitar, pois ele também caíra doente e estava isolado.

Depois desse susto, o aparelho passou a sempre mostrar níveis bons. Tive febrículas e dormi muito nos primeiros cinco dias. Tosses esparsas. Aqui e acolá, uma sensação de falta de ar prontamente debelada pela bombinha.

Enquanto isso, a comunidade médica ia descobrindo novidades na condução da doença. Tomei todas as medicações que foram alardeadas no início como boas para a Covid-19. Com o tempo, um consenso foi se instaurando, apontando que o tratamento para a grande maioria dos casos era repouso, hidratação e sol. Nada além do que já fazíamos para as gripes. Isso não impediu de minha esposa ficar me colocando em dia com a vitamina C.

Ao sexto dia, já não aguentava mais o isolamento. A Mia estava uma pilha. Eu não podia nem sair do quarto à noite com todos dormindo que ela voltava a acordar e questionava minha presença fantasmagórica perambulando pela cozinha. Eu não falava nada para não expelir gotículas pelos cantos, e só vinha lhe responder algo ao voltar para o quarto.

— Por que você não me respondeu? — questionava, com raiva.

— Eu estava sem máscara na casa, e não podia falar para não espalhar gotículas por aí — obtemperei.

— O vírus está em todo o seu corpo. Tocar nos objetos já contamina a casa — ela rebateu.

— Estou passando álcool a cada movimento.

Ela fechou a porta do quarto dos meninos, onde também dormia, com desprezo aos meus argumentos. Era uma situação psicologicamente insustentável.

Demos férias para a empregada. A irmã da Mia foi lá para casa para nos ajudar com as crianças e os afazeres do lar. De vez em quando ouvia um borrifado de álcool a minha porta, como se fosse um ritual de exorcismo com água-benta, faltando apenas o murmúrio de palavras santas para completar a cena.

Tive a ideia de fugir para o único lugar na terra em que alguém me permitiria conviver consigo: o quarto do meu amigo também doente. Esse meu amigo é um excelente médico, mas no começo da vida queria ser cantor. Ele toca violão, guitarra, baixo e até piano. Foi sempre um dos meus principais conselheiros nos assuntos de faculdade. Às vésperas das provas, era com ele e sua esposa que geralmente ia revisar o que poderia cair. O tocador, chamemo-lo assim, sempre teve uma inteligência prática. Eu dizia: "Comecemos pelo mais fácil!". Ele reconsiderava: "Teremos que passar pelo mais difícil, de qualquer forma. Quando o cérebro estiver cansado, estudar o mais fácil nos beneficiará". Ao estarmos cansados: "Chega!". E ele: "Isso, chega de livro, vamos ficar só no caderno agora".

Descansando ao violão, tudo ao redor emudecia, e eu falava às paredes enquanto ele relembrava mil dedilhados. Teve filho cedo. Ele é o pai daquele menino que lhe falei no início do livro, que me deu a vertigem do tempo, e hoje já cursa o quinto semestre na nossa mesma faculdade.

Quando descobriu minhas poesias, à época de já formados, quis fazer uma parceria: ele musicaria todas. De lá para cá, já teríamos lançado uns sete ou oito álbuns, se tivéssemos investido nisso. Eu na letra, ele no violão e Mia na voz.

Esqueci de lhe dizer que Mia canta! E canta muito bem. Ela tem o dom. Nunca conseguiu se engajar em um coral que desenvolvesse todo o seu potencial, fora que a medicina e a maternidade lhe deram outros nortes.

Um dia, ela me confessou que em sua cabeça a vida passava toda animada por trilhas sonoras que escapavam na sua voz aqui e acolá. No auge da nossa empolgação, chegamos a contratar uma professora de canto. Todavia, era tempo de João nascer, e o parto deu um hiato às aulas, até hoje sem retorno.

Um terceiro amigo, o cirurgião, aproximou-se como baterista, mas não era assíduo. Nas cirurgias nem tanto, mas conosco sempre achou que poderia levar no improviso. Éramos, assim, uma banda de garagem.

Tocador me acolheu com felicidade em seu quarto. Também estava farto da solidão. Relembramos músicas que fizemos. Partilhamos percepções sobre a loucura do mundo e alguma ciência em torno da Covid-19. Falou-me do que estavam testemunhando nas trincheiras do hospital: pessoas que dessaturavam de forma silenciosa e os promissores efeitos dos corticoides na recuperação dos pacientes graves. E uma questão de prognóstico: se o paciente chegasse até o sétimo dia sem qualquer gravidade, passaria o resto dos dias sem elas. Pedimos um almoço e uma deliciosa sobremesa.

A noite chegou e, com ela, a culpa de estar longe dos meus em um momento tão crítico. Contudo, o que eu poderia fazer, isolado em um quarto? Apenas colocar meus olhos em uma brecha da porta e perguntar: "Está tudo bem?". De todo modo, voltei. Tranquei-me de novo no quarto e fui assistir *Rambo 4*. Sempre tive um apreço especial pelo Rambo: era um herói de guerra, na qual perdeu muitos amigos, tendo voltado ao seu país como andarilho solitário, silencioso e incompreendido. As pessoas comuns e mesmo as autoridades policiais não faziam ideia do que ele tinha passado. Deixo minhas predileções de filme e minha escolha de jogos para talvez um leitor junguiano decifrá-las.

O décimo dia me trouxe novidades: João e Mia adoeceram. E eu estava bem, portanto, não teria mais como ficar grave. Abri a porta a contragosto de Mia e dei meu primeiro passo fora, enquanto todos estavam despertos. Ela olhou aflita para aquele gesto de libertação. Eu convidei a sensatez de volta à nossa convivência:

— O risco de pegar essa doença no estágio atual é de 100%. A chance de vocês estarem infectados com ela tendo um médico da linha de frente em quarentena dentro de casa é de novos 100%. Multiplique os 100% da probabilidade pré-sintomática com o 100% da clínica evidente e você terá a realidade atual.

Ela baixou a guarda e correu para mim. Beijamo-nos muito um ao outro e demoramos colados em um longo abraço. João estava quieto, com febre. Era hora de cuidarmos dele. Nela, a doença se manifestou apenas com uma quebradeira no corpo e uma tosse persistente associada à clássica perda do cheiro das coisas. Em breve estávamos todos bem e escolhemos acreditar que nosso sistema imunológico tinha se municiado com anticorpos de memória contra novos ataques.

Não entramos na espiral do medo que anunciava novas e imbatíveis mutações. Não por serem inverossímeis, mas pelo bem-estar de nossa saúde mental.

Já era o suficiente obedecermos às recomendações de etiqueta social e aos afastamentos impostos.

Retornei à linha de frente e, com o tempo, as vacinas foram chegando e com elas as ampliações das possibilidades de comércio e circulação de gente.

Estávamos agora em uma comunidade global de máscaras e distanciamento. Ninguém mais espirraria ou tossiria em público impune. Aqueles que ainda não tinham aderido às reuniões virtuais o fizeram, e muitos gostaram. Economizou-se gasolina, tempo de viagem e desobrigou os partícipes de estarem focados no objeto da reunião, já que o modo *split view* dos computadores nos dava a oportunidade de assistir a vídeos no YouTube sem que o anfitrião soubesse da nossa real presença. Em um mundo epidemiologicamente hipervigiado, esse pecadinho de desatenção era uma bênção.

Dizia-me um empreendedor que as épocas de grandes destruições eram também de grandes mudanças. As certezas que sustentavam o velho mundo ruíam, e os brotos do novo precisavam de ar fresco e sol para romperem os obstáculos de um solo cheio de escombros.

Um amigo havia me convidado para fazer parte da equipe de gestão do *Telessaúde* que ganhava novas forças na secretaria do Estado. Para assumir esse emprego, teria de sacrificar um dos que já tinha.

Já se iam sete anos como chefe de equipe na Unidade de Pronto Atendimento. Cheguei a ser coordenador de unidade, participar de reuniões de gestão com discussão de metas, atuar no comitê de análise de óbitos, conhecer os círculos superiores que orquestravam todas as unidades da cidade e, no entanto, tinha sempre comigo que aquele lugar não era o meu definitivo. Estava farto dele. A sobrecarga da Covid-19 vinha fechando meu cenho e dando-me deslizes de rispidez.

Por outro lado, depois de cinco anos de universidade, não me sentia mais gabaritado para passar adiante a medicina. Bem que eu poderia pesquisar nos livros que quisesse, a biblioteca digital ao meu dispor era infinda, mas sempre tive comigo que não poderia ficar ensinando aquilo que não tinha sólido em minha prática. Os momentos em que eu mais brilhava era quando trazia os casos do cotidiano para discutir com os alunos. Entretanto, havia tempos que gravitava em torno do pequeno mundo da emergência.

Havia outro ponto em questão. Minha alma sempre foi aquela de ter com a clínica mais cotidiana dos sofrimentos humanos, a que se deu de chamar aqui no Brasil de medicina de família e comunidade. Todavia, fui sendo absorvido por outras oportunidades e deixando-a de lado. Divulgava suas virtudes para os alunos, mas não preenchia suas hostes. Em contraponto, mesmo a medicina de família havia me deixado um gosto estranho na boca: a de que não chegávamos de fato ao núcleo terapêutico principal das pessoas.

Para complementar a minha formação de médico de família havia tempos vinha consumindo assuntos de uma especialidade médica forjada na Alemanha, desenvolvida na França, adotada por luminares americanos, importada de lá por médicos argentinos de escol, que, então, fincaram raízes fortes em respeitadas escolas de São Paulo, Rio de Janeiro, Minas Gerais e de toda a região sul do país: a homeopatia.

Eu queria retomar a prática da clínica médica ambulatorial, mas gostaria de fazê-lo com novas armas. Soube de uma residência médica de homeopatia que vigorava em Betim, Minas Gerais. Consegui na internet o contato da coordenadora, que respondeu positivamente ao meu desejo de estagiar entre eles por quinze dias; bastava lhe dizer quando seria.

Um belo dia, acordei e tive uma conversa com Mia:

— Acho que está em tempo de sair dos plantões.

— Também acho — ela concordou prontamente.

— Fui chamado para participar da equipe de *Telessaúde* da secretaria.

— É uma ótima oportunidade, amor. Mas acho que você deveria investir em visita domiciliar também. Está em grande necessidade.

— Vou me deixar disponível e iniciar um ambulatório na clínica do Zão. Mas, antes, preciso aprofundar minhas habilidades em prescrição homeopática.

— Você já tem conhecimento e experiência suficientes, poderia logo começar. O grande lance é se divulgar.

— Em redes sociais? Tenho asco de redes sociais. Elas possuem um algoritmo que captura a alma e a enjaula lá dentro — argumentei.

— Quando bem utilizadas são uma beleza! — ela insistiu.

— Não quero ficar preso à necessidade de curtidas e visualizações. É uma lógica perversa a daquele mundo. Por outro lado, não me sinto tão cheio de conhecimentos assim para doar em mídias.

— Você nunca se acha preparado.

— Não deixa de ser uma lucidez ontológica.

— E quais seriam seus próximos passos? — me perguntou.

— Preciso da sua compreensão. A prática é tudo. E você sabe que nada é comparável à imersão que uma residência provoca. Não tem como, nessa altura, eu entrar em uma nova residência, mas consegui um estágio de quinze dias na residência homeopática de Betim. Serão apenas quinze dias. Serei uma máquina de sugar conhecimentos lá, e então voltarei pronto.

— Está certo. A gente dá um jeito aqui. Vai ser bom para você!

Havíamos descoberto fazia pouco que Mia estava grávida do nosso quarto e, conforme comum acordo, último filho. Agora que estávamos ainda no início da gravidez era o melhor momento de me ausentar para dar cabo dos meus planos.

Tirei férias de cada emprego antes de firmar as demissões. Passagens compradas, estadia reservada, a sorte estava lançada.

Enquanto o avião cortava os céus, elucubrava sobre como poderia ser uma residência de homeopatia. Atuariam apenas nos postos de saúde ou teriam algum espaço no hospital? A escolha do melhor remédio homeopático é uma arte demorada. Que métodos eles utilizariam para chegar ao remédio e como seria a discussão do caso com os residentes? Como eles disponibilizariam esses remédios pelo SUS para competir em acessibilidade com os remédios alopáticos? Que textos eles estudariam para atualização?

Antes de responder a essas perguntas, um adendo. O acadêmico de medicina ou médico que tenha chegado a esse ponto e que tenha a homeopatia como o maior engodo e falácia do milênio, por favor, que faça uma suspensão de juízo para continuar acompanhando minha aventura e encare essa busca como a mesma que os médicos recém-formados têm para as mais diversas e díspares especialidades, que por vezes mal dialogam entre si por conta de disputas de egos.

A cirurgia, rainha da praticidade, por exemplo, ri-se da clínica, que vive apalpando sinais sem cortá-los. A obstetrícia, por sua vez, olha de soslaio a cirurgia-geral, quando mete as mãos no ventre das mulheres. A epidemiologia critica toda a medicina que vai implementando novidades sem a chancela dos estudos populacionais. Enquanto isso, todas as medicinas abrem um sorriso de canto de boca para a especialidade dos diminutivos, a pediatria.

Todos, quando têm acesso as primeiras noções de homeopatia, levantam graves suspeitas às gotinhas de nada que os homeopatas insistem em dizer que provocam grandes movimentos em todo o indivíduo.

Meu encanto pela homeopatia se deu quando tive acesso à cultura interiorana de Sacramento, em Minas Gerais, fortemente influenciada por certo homem notável, diretor de colégio, de nome Eurípedes Barsanulfo, que, ao final do século XIX, vivia a curar as pessoas com seus remédios, que fabricava em uma farmácia nos fundos da sua instituição.

A homeopatia, entre médicos convertidos e curandeiros de rincões desassistidos pela medicina oficial, foi ganhando a graça do povo. Chegou a ter hospital próprio nos principais núcleos homeopáticos do país. Porém, quando o modelo americano de medicina estatística com conhecimentos produzidos em escala industrial foi tomando o mundo, as medicinas que ainda funcionavam com o modelo artesanal das velhas oficinas medievais perderam espaço e apoio governamental. As que resistiram o fizeram por fortes combatentes que não cederam na queda-de-braço com as grandes forças políticas reguladoras.

Tendo sido apresentado à tal medicina, entrei em uma especialização à distância que me permitiria aprofundar os conhecimentos. Entre idas e vindas, trancamentos e dívidas de trabalho de conclusão de curso, passei longos cinco anos saboreando as lições, admirando os raciocínios dos professores, sem nunca me sentir preparado de fato para começar a prescrever. Quando decidi que traria aquela ciência para minha prática, foi o momento de Betim.

O núcleo de atuação da residência de Betim era no principal hospital público da região. Os residentes rodavam uma semana nele e outra nos postos de saúde. Ao hospital, iam selecionando pacientes nos corredores ou sendo chamados para pareceres de serviços que haviam acolhido a homeopatia como parceira no tratamento. Abordavam desde crianças submetidas aos cuidados críticos em UTI, passando pelas gestantes em trabalho de parto, chegando aos pacientes das mais diversas clínicas nos andares superiores.

Embora houvesse a coordenadora da residência, pediatra de formação, portadora de conhecimentos e de experiências ímpares, falarei aqui especialmente de um médico que me marcou profundamente, a quem denominarei de Cem-Olhos.

Ao todo, foram 94 horas de prática e discussões, das quais investi 56 horas ao lado do Cem-Olhos.

Cem-Olhos era um senhor de cabelos grisalhos, cego e cadeirante por ser amputado de uma das pernas. Quem tinha lhe mutilado assim era a diabetes. Ela veio escondida em suas carnes, sem que ele tivesse a merecido por excessos nesta vida. Magro e de óculo escuros, usava uma bata branca e uma touca própria feita de tecido. Falava baixo, com uma voz cuja pausa às vezes me dava uma inquietação. Se gravasse, daria facilmente para transcrever em um texto límpido, coeso, sem falhas.

Para encontrar um remédio homeopático, é preciso estar muito atento às singularidades do discurso do paciente, conforme as próprias palavras dele, e apreender, então, esse discurso na sua forma mínima, mas que envolva o valor máximo da experiência de adoecimento ao qual a pessoa está submetida.

Consecutivamente, correlaciona-se a dinâmica obtida com a que se revela do remédio a partir das provas feitas quando homens saudáveis experimentaram esta ou aquela medicação.

É preciso ter, assim, um ouvido muito atento a tudo o que escapa da fala da pessoa, mesmo a forma como ela fala, o riso ou embargar da voz, a ironia ou o desleixo. Por outro lado, importa ter uma leitura cuidadosa de várias matérias médicas de remédios homeopáticos, que são como bulários especiais, onde estão inscritos os vários sintomas possíveis que aquele medicamento cobre.

Perdoe-me por esses parênteses enormes para explicar essa arte médica menosprezada na minha região. Sem ele, você talvez não entenda a grandeza do Cem-Olhos e a minha fascinação por tudo que vivi com a homeopatia.

Cem-Olhos, em casa, tinha quatro quadros de luminares em cima da sua cama: Hahnemann, Gandhi, Chico Xavier e Jesus. Havia também uma inteligência artificial, que fazia as vezes de sua secretária eletrônica, lembrando-lhe a agenda, mas também lendo para ele os livros que não parava de estudar, particularmente, os de matéria médica homeopática. O professor também defendia, como mandam as escolas mais tradicionais de homeopatia, que o bom homeopata tinha que provar dos remédios para ver os efeitos da medicação sobre si, fazendo com que a correlação da dinâmica da doença do sofredor se fizesse, não com as páginas mortas de um livro, mas com a própria experiência viva do corpo do médico.

Todas as terças e quintas à noite, por duas horas, líamos em grupo as obras completas de Hipócrates, cuja melhor tradução ele havia conseguido apenas em espanhol. Cada parágrafo era aberto a comentários, mas na maioria das vezes ouvíamos mais os comentários dele próprio, que costuravam cultura grega, mitologia e metáforas da vida.

O motivo de Hipócrates ser o centro dos estudos dessas noites era que, dizem os historiadores, e parecia coisa certa naqueles estudos, que o primeiro médico da cultura ocidental a revelar o princípio homeopático teria sido o próprio criador da nossa medicina, com seu aforismo "*Similia Similibus Curentur*", isto é, "o semelhante cura o semelhante". O que quer dizer que a arte do médico homeopata é aquela de dar ao paciente um estímulo terapêutico que, sendo semelhante à doença que o aflige, faça o corpo reagir com mais vigor em prol da sua cura.

Era seguindo esse mestre que nós íamos, ajudando-o na locomoção de sua cadeira, entrando nos espaços do hospital, ouvindo atentamente a história de cada doente que nos chegava. Éramos treinados a nos apropriarmos do discurso da pessoa, na melhor singularidade possível, encontrando entre os registros das matérias homeopáticas ou nos refolhos da mente do Cem-Olhos, a prescrição que ajudaria a movimentação da energia vital do indivíduo em prol da sua saúde. Nessa perscrutação também entravam os sonhos, que eram tidos como falas íntimas reveladoras de movimentos da alma em busca de se refazer.

Cem-Olhos nos alertava para o tom da voz e questionava sobre o semblante da pessoa, se atenta, preocupada, aflita ou relaxada. A raiva contra a situação, o ódio contra alguém, o desejo de vingança, a rebeldia, a gratidão, a simpatia, a mãe que não para de pensar nos filhos, mas também, aquela que não liga para eles. Tudo virava sintoma repertorial para melhor correlacionar com a medicação.

Todavia, ele não cansava de dizer algo que muito me marcou:

O melhor sintoma que você encontra no paciente é aquele que você viveu na própria experiência, quando tomou a medicação no exercício de autoexperimentação.

É difícil deixar claro para quem não conhece a homeopatia a força das lições do Cem-Olhos. Ele parecia ter amplos conhecimentos filosóficos, algo semelhante à Gestalt[8], outras vezes, ao existencialismo heideggeriano[9]. Dizia-me que gostaria de ter mais tempo para tanta leitura, mas que os conhecimentos que ele trazia eram da homeopatia e da própria experiência de vida, tratando os pacientes sob este método: o de enxergar a pessoa no todo, e do todo partir para a unidade. Isso é Aristóteles, eu pensava! E ia tentando entender o que mais havia por trás daqueles cegos olhos.

— Hipócrates não estaria ultrapassado? — certa vez o incitei.

— Acredito que nós, os modernos, não tenhamos ainda sequer o compreendido. Talvez no próximo milênio, quem sabe — replicava-me magistralmente.

Você pode me confrontar: "Isso é psiquiatria". Mas psiquiatra não lida com tosse de criança. Contudo, o homeo-

---

8 Gestalt é uma palavra alemã, traduzida aproximadamente por "configuração", totalidade, um todo que é uma realidade em si, diferente da soma de suas partes. Tida como uma corrente da psicologia, para ela, o sentido da experiência está em como seus elementos estão configurados em um todo significativo.

9 A fenomenologia hermenêutica de Heidegger é o esforço filosófico de resgatar essa circularidade que acontece na diferença entre o ente e o ser.

pata, ao lidar com a tosse da criança, vai querer saber: "Ela está mais violenta com os irmãos?".

No final de semana que passei por lá, fui convidado a conversar com o professor para tirar dúvidas, o que ele modestamente chamou de "trocar ideias". Fiquei ao lado de sua cama por quatro turnos sucessivos, começando na sexta à tarde e terminando no domingo de manhã, Dia dos Pais.

Entre as muitas lições que fui anotando, elenco estas aqui: o ato de medicar alguém é o começo de um diálogo em que se indaga à força vital da pessoa qual o movimento de que ela precisa para se curar; quando os sintomas locais são muito fortes, a pessoa pode se perder prisioneira dos próprios sintomas; a homeopatia é a medicina do tempo, e o tempo é de cada um; a função da saúde é a conciliação com o destino.

Tamanho foi o esforço que empreendi em não deixar perder nada que, em certo momento, cansei de prestar atenção apenas no gênio e olhei o homem.

Que movimento teria sido necessário para curar o professor daquela diabetes violenta? Teria ele ficado prisioneiro dos próprios sintomas? Ou teria o Cem-Olhos enfrentado, nesta vida, a grande batalha para sua reconciliação com o destino? Não tive coragem de perguntar, e nossa amizade de míseras 56 horas não teve tempo de entrar nessa intimidade.

No domingo do Dia dos Pais, almocei com ele, a esposa e seus filhos, que vieram lhe prestigiar. Embora tivesse me deixado à vontade para permanecer naquele encontro, achei por bem ir ao shopping comprar lembrancinhas para minhas crias. Estas me fizeram uma videochamada, reforçaram seu amor imenso por mim em tal medida e com tamanha sinceridade que afetou meus olhos, escureceu minha vista e me fez repentinamente tomar consciência da dor da distância.

Pensei que deveria estar com eles, mas, ao invés disso, estava ali, tentando diminuir a minha cegueira sobre os assuntos da vida e, às apalpadelas, tornar-me mais senhor de mim.

REMEDICINANDO

Poesia que fiz ao professor em agradecimento por tudo que me deu.

CEM-OLHOS

Presa em três quartos de corpo
Uma alma zanza atenta
Pelo corpo do hospital

Ouve e reouve o que houve
Com cada interno
Cuja palavra se arrebenta
Do dolorido peitoral

Quem olha distante pensa
Que olhos ela não tem
A face que se esconde infensa
Por trás da lente negral

Mas quando tira os óculos
E graceja um consolo, um ânimo
Mergulha no verbo do momento
E faz dele uma gota, um glóbulo
Lembro-me da viúva, o óbolo
Que, sendo pouco, ou quase nada,
A fez ver o céu

Rasga-se então o véu
E os olhos do sem olhos
Me parecem dois, dez, cem
Uma vida inclinada ao bem
Do semelhante

E, por mais que insista em dizer
Os seus defeitos
Sei que no caminho do Cristo
Não tem mais jeito
As luzes abraçam as trevas
O adulto volta a ser infante
E o caminho da cura se processa
Em cada instante.

CAPÍTULO 6

PARA FAZER CIÊNCIA É PRECISO CONSCIÊNCIA DO MISTÉRIO DA VIDA

"E não há melhor resposta que o espetáculo da vida: vê-la desfiar seu fio, que também se chama vida, ver a fábrica que ela mesma, teimosamente, se fabrica, vê-la brotar como há pouco em nova vida explodida."

JOÃO CABRAL DE MELO NETO

No terceiro semestre da faculdade, o professor de psiquiatria da cadeira de psicologia médica havia colocado uma pergunta na prova mais ou menos assim: *"Segundo a psicologia dinâmica, você se sente filho ou homem?"*. Eu achava que tinha respondido certo à pergunta. Falei da relação com meu pai e dos paradoxos do crescimento. Ele não me deu a questão como correta. Não sei se ele queria que eu tivesse falado segundo algum autor específico, Freud, Adler, Jung. Acabei falando de mim segundo eu mesmo à época, e ele desconsiderou.

Como agora você não deve me cobrar acertos, vou lhe falar sobre essa questão segundo eu mesmo amadurecido muitos anos após aquela data da prova, sem esperar receber uma nota por isso.

Houve um momento da vida em que eu comecei a olhar as crianças não como concorrentes de um espaço ou como iguais, mas como seres que não faziam mais parte do meu nicho. Quando era apenas uma criança maior, olhava para os menores com piedade, menosprezo ou raiva, a depender do quanto o outro menininho que se me apresentava tinha me soado triste, ansioso pela minha atenção, ou me insultado.

Viajando a cada férias para ver vovó, divertia-me com a criançada. E depois deitava-me, exausto, agarrando no sono afundado na cama. A casa do interior era como uma grande floresta, cheia de perigos e alienígenas de toda sorte escondendo-se nas goiabeiras. Salvava o planeta Terra quase todos os dias.

Então, veio o corpo esticado, a barba, a voz grossa e os músculos. As visitas à vovó ficaram distantes. Um dia, cheguei para abraçá-la e o fiz de cima para baixo, quase a levantei. Ela se admirou do meu porte. Sentei ali na cozinha enquanto ela aquecia a comida no fogão a lenha. Pela primeira vez me senti estranho naquele lugar. Dessa vez, eu era o alienígena.

Decidi me dedicar ao trabalho voluntário da evangelização infantil no centro espírita, o que me estimulava a olhar as crianças com carinho. Começava ali a participar de círculos de reuniões de adultos, sem saber o que falar entre eles, e calando-me a maior parte do tempo, por achar minhas opiniões pueris.

O conhecimento que eu tinha do mundo era em grande parte segundo papai e mamãe. A leitura de assuntos mais densos ainda era precária. Os romances não eram minha praia. Tinha os livros da filosofia espírita para me falar sobre lógicas transcendentais, mas pouco repertório que me permitisse encarnar aqueles conceitos em exemplos práticos.

Nas aulas de evangelização, apesar de ser chamado de tio, sendo auxiliar de experientes professoras, eu me empolgava tanto estimulando a criatividade das crianças que um deles, de oito anos, certa vez estranhou: "O senhor parece um criançāo". Na ocasião, ele desenhava um herói, e eu o enchia de dicas de como incrementar sua armadura.

Vi um psicólogo recentemente dizer o quanto as mulheres têm o poder de amadurecer os homens em nossa espécie. Em busca de conquistarmos a parceira, que cresce primeiro, vamos, entre quedas e acertos, vendo qual o jeito de ser que mais as agradam, a ponto de nos desejarem como namorado. Quando logramos ter a moça desejada ao lado, na flor dos treze ou catorze anos, vamos tentando conduzir, de um modo que não nos cause tantos danos, aquele desejo de tê-la corpo a corpo todo o tempo. Elas, que mudam como a lua a cada 28 dias, ora nos beijam ardentemente, ora não suportam nossa voz. Tínhamos que aprender a lidar com os ciclos da vida e os mistérios da vontade.

As amizades entre os meninos vão então tornando-se mais densas. Quase não falamos do que sentimos, porque até então não tínhamos vocabulário e espaço para tocar em assuntos da alma. Eis que um grande amigo me vê triste e começa a se interessar, não na próxima criança que esteja disponível para brincar de esconde-esconde, mas no que se esconde por trás daquele rosto querido infeliz.

Passamos, então, uma tarde inteira sem estudar nada, conversando sobre a menina que amava e que naquela semana não queria saber de mim. Depois desse desabafo, e após cada conversa íntima, aquele amigo não era mais o mesmo. Ia se tornando parte da minha identidade. E dele sentia saudade. E com ele podia até ficar em silêncio sem me sentir vazio.

A primeira, a segunda, a terceira namorada passam, por mais que as quisesse eternas. O amigo nos escuta e compartilha também das suas malogradas experiências. Apesar do coração dolorido, rimos de nossas falhas, e logo estamos fazendo piada sobre qualquer bagatela, das idiotices às obscenidades. A vida não deve ser assim tão dura.

De tanto ser submetido à competição, das notas aos esportes, fui aprendendo o que é isso que dentro de mim me faz ter fúria, inveja, vaidade, orgulho, alegria, expectativa, calma.

Dediquei-me ao teatro por um bom tempo. Nada melhor para um leonino. Otimizei minha prosódia e aprendi a vestir máscaras no dia a dia. "Você parece que está atuando o tempo todo" — me cobraram certa vez. Tive que aprender que é preciso ser sincero, sem buscar aplausos em cada gesto, pelo menos com algumas pessoas especiais.

Desprezava minha irmã no início da vida. Brigávamos por tudo. Ela me parecia ser arisca e inconveniente. Houve um tempo em que quis apenas me afastar, para não dar ocasiões de desentendimento. Foi o tempo de ela ter as desditas amorosas, como também de ter os primeiros conflitos de independência com os pais. Sem ter para quem recorrer em casa, vinha me pedir ouvidos. No princípio, fazia-o com relutância, apressado por ver aquilo se findar. Aos poucos, fui reconhecendo nela a fragilidade que também era minha. Irmanamo-nos nas preocupações com mamãe e na culpa de não conseguirmos dar os cuidados suficientes para uma doença que cobrava cada vez mais. Hoje, aqui e acolá tomamos um café atualizando a vida de um para o outro. De surpresa, aparece para visitar as crianças, fica então para almoçarmos juntos.

Uma pessoa me cativou de um jeito muito especial. Se eu tivesse fechado o coração pelas feridas passadas, não teria ousado. Quando silenciei as muitas razões, as emoções me tomaram. Experimentando ser dois, a vida amolecia. Havia um abraço para onde ir. É isso que aqui no nordeste chamamos de aconchego. E no aconchego, o chamego. Nela minha fera se entregava. Por ela, entendi porque Sansão deixou sua cabeleira ser cortada. Com ela, deixava o mundo nos tomar desprevenidos, displicentes com tudo. Ela poderia me matar se quisesse, mas, em vez disso, deu-me filhos.

Quando casado, à primeira vez que fui reservar nossas passagens para a lua de mel, soou-me estranho dizer "para mim e para MINHA ESPOSA". Quando os filhos vieram, foi mais natural ser chamado de pai, e eu chamá-los de filho. Até porque é um segundo parto até que eles digam "pa-pa" e não apenas "ma-ma".

A morte se arrasta no tempo, colhendo almas de todos os tipos. Apresenta-nos o poder ora pungente ora balsâmico das lembranças. Aqui foi meu cachorrinho, quando eu ainda era criança. Ali foi vovó, no auge da adolescência. Mais acolá, papai, na entrada da idade adulta. Tivemos nossa primeira gravidez, que não vingou. Mamãe havia se ido há pouco, e eu ainda não sabia o que pensar daquilo.

Passa o Tempo esgalamido
Comendo cada segundo
Come a hora e come o dia
Mais parece o fim do mundo

Quando o Tempo cospe fora
Depois de ter ruminado
A vida não é a mesma
As coisas já tem passado

O homem, antes menino
O doutor, antes palhaço
Olhos atentos no espelho
Novos pelos, novo traço

Mia estava grávida do último filho. Dizíamos ser o último porque os cuidados com os dois primeiros já eram muitos[10]. Mesmo com oito e cinco anos, ainda mendigavam abrigo em nosso quarto na calada da noite.

Bernardo estava no universo da fantasia, em que monstros brotavam da escuridão tão logo as luzes eram apagadas. Ao nosso lado estava a salvo, mas ir ao banheiro sozinho à noite seria uma aventura mortal sem o meu auxílio. Sua dicção pecava no "r" dos encontros consonantais, exigindo-nos o apoio de uma fonoaudióloga. Querendo ficar

10 Talvez a matemática dos filhos confunda o leitor, mas vou lhes recobrar a memória. Tivemos um primeiro filho que não vingou, mas que consideramos tão filho quanto os demais.

mais em telas do que em brincadeiras, tínhamos de nos virar para excitá-lo em atividades dinâmicas, como as que dei para chamar de "treinamento ninja". Eram pula-corda, travessia da casa com obstáculos, linhas diagonais impedindo a passagem que não fosse curvando-se ou pulando. E de vez em quando, abusávamos da solicitude dos avós em ficar com os dois, porque pais também são gente, assim como continuam sendo um casal.

No começo da vida dos meninos, era um resfriado por mês. Nos últimos tempos, eram dois por ano. Quem estivesse em casa de folga assumia os cuidados. E, já que na maior parte das vezes eu trabalhava em regime de plantão, sendo delito ético grave faltar de última hora sem aviso, era a Mia quem tinha que sacrificar suas atividades ambulatoriais quando uma febre nos pegava desprevenidos em véspera de trabalho mútuo.

Na conformação da minha agenda de então, dei para começar a clínica homeopática timidamente às quartas de manhã. Revezando com consultas de clínica geral, ia prescrevendo, testando os métodos e as potências, os medicamentos que conseguia enxergar como sendo o melhor para cada caso.

Descobri o universo da demanda das pessoas que não dependem da saúde pública. Pacientes jovens, antes de seus quarenta anos, batiam o ponto anualmente na mesa do clínico geral em busca de muitos exames de sangue que tinham como preventivos. Noventa e nove por cento das vezes eram exames desnecessários. Mas, de uns decênios para cá, certa cultura se instalou no povo. Era a de ter no laboratório as vezes dos adivinhas e menosprezar os cuidados mais simples com a saúde, como comer bem, exercitar-se e respeitar as horas de sono.

Em vão, tentava convencer este ou aquele jovem que, independente do resultado que viesse em seu colesterol, mudar de vida seria o melhor a fazer para se ter uma saudável transição aos 40. Exames de laboratório, nessa fase da vida, seria apenas para sintomáticos.

Por trás da ânsia pela prevenção, contudo, muitas vezes havia uma dor instalada que se revelava mediante a simples pergunta: "O que lhe leva a buscar uma doença, você não está saudável?"

Certa vez foi uma mulher com seus 32 anos. Minha pergunta sobre sua saúde a fez falar sobre não estar bem especificamente naquele dia. Andava com vontade de chorar por pouca coisa. Esse humor oscilante já vinha desde sempre. Fora uma criança vivaz, mas com momentos de choro incontrolável. Sua mãe a levou ao médico para entender aquilo dela, sem diagnóstico que alcançasse qualquer tratamento. Até seu marido, "coitado", dizia ela, tinha que aguentar suas instabilidades. Prescrevi-lhe *Ignatia amara*.

Um eletricista que também era pastor estava inquieto com seu punho doloroso. Já havia tido aquilo antes, mas agora se prolongava. O exame físico não revelava síndrome do túnel do carpo e não tinha pontos dolorosos. A igreja lhe fazia muito bem, não tinha do que se ressentir do seu mental. Decidi por uma abordagem mais organicista, à francesa, passei-lhe *Ruta graveolens*.

A uma menininha que tinha predisposição para contrariar, preguiça de fazer suas tarefas a não ser que fosse bastante lisonjeada, que tinha uma tosse e uma pele alérgica, embora *Metallum album* cobrisse bem os sintomas, era com a dinâmica de *Lycopodium clavatum* que ela mais se assemelhava.

Depois de três meses comecei a receber meus primeiros resultados positivos, mas vieram também os que não deram certo.

Tentei descontinuar o *bromazepam* de uma idosa que o utilizava para dormir e a cada crise ansiosa. Possuía uma dor de cabeça que só cessava com café, mas não gostava de tomar, pois lhe dava azia. Cantava no grupo da igreja e até tocava violão, só não o fazia mais pela dor nas juntas. Era uma mulher pequena, de olhar assustado e triste, voz hesitante. Para o controle das crises de ansiedade, pedindo para espaçar o benzodiazepínico, dei-lhe a opção do *Aconitum napellus*. Porque sua diabetes poderia descompensar, em vez da substância adsorvida em glóbulos de sacarose, prescrevi-lhe na apresentação alcóolica. Ela se ressentiu do gosto e abandonou a prescrição. Orientei que diluísse uma gota em uma garrafa e tomasse em pequenos goles nas crises. Não viu tanto efeito. Revelando-me uma dispneia suspirosa na quarta consulta, sugeri-lhe o *Metallum album*. Tendo piorado da ansiedade, desisti da homeopatia e lhe prescrevi *escitalopram*. Sentiu muitos efeitos colaterais com ele e quis voltar para as gotinhas. Respirei fundo e tentei cascavilhar mais dados que me dessem uma imagem mais inteira da dinâmica da paciente. *Rhus toxicodendron* me veio dos estudos da matéria médica. Na sétima consulta, retorna um pouco mais feliz, estava menos ansiosa com os assuntos de casa e o sono melhorou um pouco. Agora seria progredir a potência.

Enquanto a idosa saía do meu consultório, seu jeito de andar, seu medo da vida e sua preocupação com todos da família mais do que consigo me fizeram lembrar de mamãe. De volta ao estudo da matéria médica de *Rhus-t*, encontrei-a toda ali. A ansiedade quanto ao futuro, o copo do lado do sofá para sanar sua sede de pequenos goles, erupções que aqui e ali eclodiam em sua pele, no seu couro cabeludo, as dores nos braços, por vezes confundida com tendinite, sua rigidez do corpo e da mente, a relativa melhora com o movimento, mas que denunciava mais a inquietude de sua alma do que a definitiva caminhada para a cura. Quanto mais seu corpo se agitava, mais se tornava dependente de cuidados.

Em verdade, à época, cheguei a pensar em *Rhus-t* para mamãe, por um caso perdido que havia lido em algum lugar. Não tive ânimo de investigar a fundo, por ela ter se mostrado peremptoriamente contra a homeopatia, crendo se tratar de substâncias venenosas. Quem diria! Todos os médicos contra a homeopatia por entenderem serem seus remédios um nada, e minha mãe achando que eu a queria envenenar com cinco gotas de diluente alcoólico.

A gravidez da Mia avançava. Outros motivos de aquela gestação ser a última se somavam em nossa conta. A dor na coluna que havia muito a perseguido nos momentos de estresse intensificava sua magnitude com a hiperlordose lombar provocada pelo útero. O coração, que já havia nos dado um susto na segunda gravidez com extrassístoles ventriculares, dessa vez provocava-lhe mais sintomas. Fomos surpreendidos com uma diabetes gestacional entre os exames de rotina do segundo trimestre, o que a fez entrar em uma rígida dieta, beirando o *low-carb*, justo em um período o que o catabolismo da mãe é intenso em prol do bebê.

Tudo isso em meio a um emprego onde ela tinha que enfrentar decisões limites entre a vida e a morte, não em busca da cura, pois seus pacientes já tinham se desfeito dessa esperança, mas tentando prover o controle impecável dos sintomas que minavam a vida que lhes restava. Ela era paliativista de uma equipe de visitas domiciliares.

Era o nosso bebê testando seus músculos com chutes na barriga, abrindo e fechando a mão, chupando o dedo, abrindo os olhos, brincando com o cordão, e os pacientes da Mia definhando os músculos em contraturas dolorosas, fechando a mão para não mais abrir, salivando a mais do que conseguiam reabsorver, para então fecharem de vez os olhos no corte do último cordão que lhes prendia à vida.

A obstetra orientava meios de aliviar os sintomas e indicava os remédios mais seguros. A cardiologista apontava a benignidade dos achados arrítmicos, pelo menos até aquele momento da gravidez. A endocrinologista começara incentivando a dieta, com controle rigoroso da glicemia, mas em três semanas iniciou a insulina.

A maior parte das gestações passam em brancas nuvens. Algumas acrescentam riscos, mas não complicam. Conhecíamos, da diabetes gestacional, o bebê grande com dificuldade na saída do parto. A literatura, que não tem o objetivo de consolar, de forma ríspida e crua, elencava motivos de preocupação. Falava de cetoacidose, malformações, abortamento, coma, e, caso o bebê nascesse, hipoglicemia, desconforto respiratório, cardiomiopatia e morte, do feto, da mãe, ou dos dois.

Certo dia, Bernardo veio me chamar para acudir a mãe, que chorava com câimbras nas panturrilhas. Após a reposição de magnésio, foram cedendo em alguns dias.

Com tudo isso, pensei ter um repertório bom para lhe prescrever algum remédio homeopático. Nenhuma combinação dava a síndrome mínima de valor máximo que me apontasse um medicamento cuja matéria médica se adequasse mais ao caso. Fui testando um e outro sem êxito.

A gravidez prosseguia o seu curso natural. O bebê crescia com proporções ótimas. Cada sintoma ia sendo conduzido de forma conservadora, pois, embora incômodos, não colocavam em risco a mãe e o bebê.

Das lições que fui revendo do Cem-Olhos, pensei que os sintomas daquela gestação poderiam ser algum miasma, isto é, o fundamento de uma doença crônica que repelia a atuação dos remédios, cabendo-me investigar a fundo a psique e o passado da Mia para poder chegar à cura.

Ao consultório, pela enésima vez me deparava com uma jovem cujo tratamento não progredia. Havia acertado alguma coisa na segunda consulta. Um *Lac caninum* tinha lhe tirado da cama, onde passava a maior parte do dia. Concedera-lhe energia suficiente para se exercitar e sonhar que poderia voltar finalmente ao normal, já que o desânimo e a lassidão tinham lhe tomado desde o dia em que perdera o emprego por *burnout*. O efeito se evanesceu em uma semana. Ela até tentara nova dose, por ela mesma, mas não surtira mais o mesmo efeito.

Já me inquietava quando a via na lista de pacientes. Ela voltava pela renovação da *duloxetina*, mas principalmente pela atenção que lhe dava. Conversava comigo como se eu fosse seu psicólogo. Girava em torno do mesmo tema da falta de energia, das dores, da inutilidade. Ela demandava mais tempo do que eu podia oferecer na esteira dos atendimentos por plano. Chorava. Oferecia-lhe um papel-toalha enquanto procurava nas minhas anotações algum remédio homeopático que lhe ajudasse naquele novo encontro.

— Para que servem esses remédios? — ela questionava.

— Tratam mente e corpo aliados — respondia.

— Por que toda vez são outros remédios?

— Na homeopatia, o remédio certo é o que provoca movimentos na sua energia vital. Não tenho acertado a mão. Sigo então para a próxima opção que melhor cubra seus sintomas.

— Quando venho para cá tenho a sensação de que cumpri um ciclo a cada nova medicação.

— Vamos fazer o seguinte: eu levarei seu caso para estudar em casa. Mando-lhe a prescrição em no máximo uma semana.

Ela consentiu. Por sorte era a última paciente daquele dia. Eu não estava bem. O consultório não progredia. Pagando o aluguel da clínica, sobrava pouco do que vinha dos planos de saúde. A única paciente que tive que conhecia homeopatia havia me falado para não parar, que aquilo era minha caridade. As pessoas precisavam daquela abordagem.

Eu me sentia despreparado com casos como o daquela jovem. Os acertos não eram suficientes para me fazer crer que eu crescia. Sendo o principal sustentáculo de minha casa, não me dava o direito de largar todos os plantões e investir absolutamente na conquista da expertise homeopática. As alergias do filho mais novo iam e vinham com minhas tentativas. Da última vez, sua tosse demorara tanto que não mais consegui convencer Mia de protelar os antibióticos e o corticoide. Nem os percalços da gestação dela estavam sendo sanados pela homeopatia.

Estávamos no terceiro trimestre. À base de paracetamol, magnésio, insulina, uma dieta rigorosa e o meu apoio incondicional, Mia foi rumando à 38ª semana. À beira da data do parto, fui ter com a terapeuta:

— É a mesma sina. Quando encontro uma medicina que me encanta, falho nela repetidas vezes. Há pacientes que rondam meu consultório em busca da salvação que eu não posso dar. Em casa, gestamos um bebê em torno de uma gravidez diabética e dolorosa cujo tratamento me escapa.

— Quem gesta? — pediu um esclarecimento a terapeuta.

— Nós gestamos — respondi.

— Nós quem?

— Eu e Mia.

— Com você vindo primeiro — ponderou.

— Não, somos nós dois.

— Allan, eu preciso te falar algumas coisas logo, antes do parto. Não temos mais tanto tempo para a terapia te fazer tirar as próprias conclusões. Terei que ser direta. Eu sei que é lindo e essencial o homem compartilhar esse momento, mas a rigor, biologicamente, quem gesta é ela. Todas as modificações estão ocorrendo no corpo dela.

É nela que o bebê pesa. É ela quem ele chuta, acotovela e se insinua dolorosamente. Por mais que tente, não há como tirar essa experiência e colocá-la em você. A gravidez é um momento muito especial para cada mulher. Cada qual a tem do seu jeito. Esse é o jeito dela. Ela não precisa de você como médico. Ela não é sua paciente. Faça assim: não seja mais médico, seja só marido e pai. E curta o que vier... Ah! E mais uma coisa! Você não tem o poder de salvar ninguém, cada um é dono do seu próprio caminho de salvação.

Asclépio ou Esculápio foi um semideus filho de Apolo, o deus grego da música e da profecia, com a mortal Coronis. Porque esta traiu Apolo com um mortal, louco de ciúme, o deus da lira matou os dois, ela e o amante. Na hora da cremação do corpo de Corona, Apolo descobriu que Asclépio vivia em seu útero e o salvou momentos antes que a carne derretesse.

Entregou o bebê ao grande educador dos maiores heróis, o centauro Quíron, que o ensinou as artes médicas.

Para potencializar seu ofício, recebeu da sua tia-deusa Atena o líquido que jorrou da artéria da Medusa, a Górgona dos olhos petrificantes, decapitada por Perseu. Da veia partia um veneno, da artéria uma substância de cura universal.

Com o conhecimento e as técnicas do centauro e com o elixir da Medusa, Asclépio perverteu a ordem cósmica, curando os doentes, e impedindo o fluxo de almas para o Tártaro. Hades reclamou a Zeus, que puniu Asclépio de morte por ousar interferir nas leis da morte.

Pune-o. Porque Apolo chorou a morte do filho, Zeus, por fim, ressuscita-o e concede-lhe a apoteose, transformando-o na constelação do serpentário, tendo a imagem daquele que leva a serpente, símbolo da cura e da renovação.

Parece que, desde então, tendo herdado as artes médicas como artes mágicas, na busca de perverter a ordem da natureza, todos sofremos a ânsia de Asclépio de salvar a qualquer custo. Se fosse Ícaro com suas asas de cera, teríamos o alerta de que não nos é permitido alcançar o sol. Se fosse Prometeu, o piedoso titã, ressentiríamos em nosso fígado o extravio do fogo divino. Mas Asclépio virou constelação e nos faz olhar para o alto com olhar altivo. Isso soa antes como uma maldição.

A terapeuta tinha razão.

A mim não pertencem as vias de salvação de ninguém. E, se o profeta não o consegue ser em sua própria casa, é que em casa ele já não é profeta, mas marido e pai. São outras as obrigações, e são enormes.

O dia do parto havia chegado. Diferentemente dos anteriores, eu me eximi de assistir aos cortes, à abertura do útero, à retirada do bebê. Não que ele fosse menos importante. Era que eu tinha medo de perder a Mia, e queria estar ao seu lado todo o tempo.

Aos qunize anos, lendo muito sobre espiritismo, aliei a ilusão de invulnerabilidade do cérebro juvenil com a certeza lógica de que a vida não acabava. Não me tocavam as cenas de morte. Era óbvio ser aquilo apenas uma passagem.

Quando fui crescendo, deixando de ser tão filho, passando a ser mais homem, apaixonei-me pela vida. E quanto mais vida pulava e corria ao meu redor, subia às minhas costas e sussurrava amores aos meus ouvidos, mais fui perdendo a obviedade da imortalidade e me apegando às minhas vidas.

Segurei a mão dela durante todo o procedimento, massageava-lhe os cabelos e beijava seu rosto. Ouvimos com alegria a música que a anestesista colocou. Era a mesma com que saímos da igreja no casamento, "Here Comes the Sun", dos Beatles. Nada planejado. Mas para um mundo que já enfrentara tantas mortes, aquele nascimento, para nossa família, era, de fato, o símbolo de uma nova aurora.

Tudo correu bem.

O bebê estava com o peso e a altura ótimos. Foi colocado para provar da mama, do cheiro e da pele da mãe rapidamente. "Ele é lindo, graças a Deus!", disse o irmão Bernardo ao vê-lo em fotos. Bochechas rosadas, encolhido na manta, tínhamos ele conosco em um dia de domingo, o dia do Senhor para a cultura cristã e o do Sol para as pagãs. Era o dia do nosso Bento.

Poema escrito para o Bento, em diálogo íntimo com minha mãe, quando ainda nem havíamos decidido o nome do bebê. Estava sentado em um posto de saúde, na fila de espera para receber a segunda dose da vacina da Covid-19.

A BENÇA

Queria apenas lhe dizer
Como sem aguentar
Que um pequeno novo ser
Vem nos engravidar

Roda a vida seu interminável fuso
Misturando almas e humores
Alquimia de sais e dissabores
Deixando-me perplexo e confuso

Mas para que o rebento nasça
E se faça nele o que se deve
Venho nessa prece leve
Pedir, de joelhos, "a bença"

Já que nascer é presença
E não mais espera
Sigo na saudade de uma outra era

Onde o reencontro enfim vença
E tua sentença
Fecunde minha crença
Em plena primavera!

Em euforia, cada criança
Entregue à dança
De tudo
E muda
A voz embargada se funde
Ao mundo.

CAPÍTULO 7

POR SER VISÍVEL, A VOCAÇÃO, QUANDO PERMANECE... VIVE!

Quando idealizei a palestra que faria para os calouros, queria preencher algo que senti que faltou para mim quando era eu sentado naqueles bancos.

Naquele momento, lembro de sentir que era um mundo tão novo e amedrontador...

Se fôssemos daquelas comunidades tradicionais, poderíamos talvez nos valer dos anciões da tribo que, já desapegados do peso de ter que sobreviver, falam sobre a vida em conversas gostosas ao pé de uma fogueira. Porque não vi anciões dispostos a tal conversa na faculdade, ocupados demais em ainda ganhar o mundo, decidi ser aquilo que eu desejei naqueles tempos, mesmo sem ser um ancião.

Sem ter a pretensão de ser um manual de como viver, entrego em suas mãos um pequeno livro de como eu sobrevivi. Nessa última década, ouvi muitas histórias de amigos médicos que, confrontadas com a minha, fazem-me sentir como uma criança.

O pai de um acadêmico, por exemplo, que foi trabalhar pelo mundo, e voltava para casa cada vez menos. O rapaz foi se virando na saudade. Enquanto crescia na vida de cirurgião, ia descobrindo que o pai não trabalhara apenas nas construções das estradas como também semeara filhos por onde passou. Tendo essa sombra paterna, em busca de amor, o rapaz se satisfez com amantes.

Um outro, intensivista, leu uma de minhas poesias mais recentes e se identificou sobremaneira com os seguintes versos: "mas, se nem mesmo posso comigo/ alvo de secretos inimigos / que perturbam minh'alma". Se ele escrevesse sua biografia, não acho que nos revelasse seu homem subterrâneo. Também tenho tantas sombras que ficaram longe destas páginas, presas nas trevas do divã...

Uma mulher, internista, que era líder entre nós, lutou pela melhoria de setores quebrados do hospital. Sentou uma vez comigo, em um café, para discutir as bases de um grupo de astrologia. Na semana seguinte, porque vinha querendo uma terra melhor para seu filho e dias mais leves para curti-lo, colocou o menino nas costas, guardou o amor pelos pais na bolsa, tomou a mão do marido, embarcou no primeiro avião para a Austrália, suou por três anos como médica de regiões vulneráveis, até ter algum descanso. Saturno reclamou. Parece que o marido não suportou as mudanças. Mas Júpiter lhe sorriu. A última foto que me chega é dela e de seu filho felizes, com os pés calcados em uma praia da Oceania.

Conheço outra mulher de fibra, médica de família e comunidade, que comandou importantes mudanças nos setores governamentais. Ela parecia ser tão dura nas reuniões. Porém, as circunstâncias exigiam. Jovem, teve um filho, depois outro. Quase morre na terceira gravidez. Tendo a lua em virgem, aqui e ali tentava organizar a balbúrdia dos homens. Homens estes que não tardaram em sacrificá-la no altar do poder. Aos quarenta anos, as amigas da canoagem e as vizinhas do condomínio a veem como uma mulher livre, forte, resolvida. Mal sabem elas que lá no meio do mar, entre golfinhos, algumas lágrimas derramadas por vezes se confundem com a maresia.

E o que dizer daquele rapaz, psiquiatra, cujo pai, tão festivo até pouco tempo, se envolveu com drogas, e a irmã, com a morte. Faz de um tudo para o carma das gerações anteriores não tocar o berço de suas três filhas. Diz-nos a psicologia do destino que tocará. É preciso cobri-las de amor para que sejam firmes e não desistam. Ele é católico. Deve saber o que diz o evangelho do crucificado: a salvação virá para quem persistir até o fim.

> Para enfrentar esta vida, que já vem inteira para cima da gente quando ainda mal sabemos andar, somos todos crianças, tombando aqui, ali e acolá.

Cada uma dessas histórias que pincelei são exemplos de outros tantos que poderiam fazer as vezes de ancião da aldeia. Decerto mereciam uma vasta estante na biblioteca da universidade para serem consultadas periodicamente.

Não desmereço a matemática da gasometria, nem as leis da hemodinâmica, tampouco as técnicas de transplante de órgãos inteiros e pulsáteis. Todavia, como lhe disse anteriormente, a próxima geração de médicos será de inteligências artificiais, que suportam sem se abalar o flagelo sazonal das viroses que descompensam os asmáticos, centuplicam as tosses e fazem ferver os corpos infantis.

Mas... o que sobrará para nós?

Sinto que, em meio às máquinas, as pessoas pedirão para sermos humanos. Sem tantos protocolos a nos esmagar, poderemos ter mais tempos de conversa e compreensão. Quem sabe os sonhos dos pacientes possam voltar a ocupar lugar privilegiado entre os descendentes de Asclépio?

Se não nos prepararmos para enxergar a vida e aproveitá-la como quem "chupa o gosto do dia", tomaremos consciência da nossa cabeleira branca ou da falta dela como o sargento que passou a vida obedecendo a ordens e, dispensado da corporação, sente falta daquelas certezas em meio a um mundo que não lhe presta continência.

Que venham as telas por todos os lados! Mas, por favor, me deem algum controle para que eu possa ao menos jogar com os meus filhos.

É quinta-feira. Para cuidar da saúde, resolvi ir de bicicleta ao hospital. Deram-me sete pacientes para evoluir. Dois estavam intubados. Três eram neurocríticos, mas estáveis. Um tinha o prognóstico nefasto, com indícios de falência múltipla de órgãos, utilizando grandes doses de noradrenalina e vasopressina. Outro estava em morte encefálica, esperando para abrir o protocolo de averiguação por alguém habilitado. Eu era esse alguém. Havia feito o curso ano passado.

Consegui fechar o protocolo. O neurologista passou logo em seguida. Fizeram o eletroencefalograma, que confirmou a morte. A família aceitou a doação de órgãos. Era da vontade da pessoa quando viva. O paciente mais grave parou.

Não o reanimamos por inviabilidade clínica subjacente de retorno à circulação espontânea.

Voltei para casa às 13h30. O sol era causticante. Mia me esperava com um almoço gostoso. Bernardo queria ter almoçado comigo, mas não aguentou a fome. João brincava de Lego. Bento andava trôpego e perseverante pela casa, com o apoio da babá. Tirei minha sesta indefectível. Às 14 horas foram fazer o dever de casa.

Às 16 horas fomos todos para a piscina. Bento, apoiado pela Mia, esperneava euforicamente. Eu brincava de moto com os meninos. Eu era a moto.

Voltamos para casa. Enquanto os meninos assistiam à televisão, Mia me contou sobre as angústias da semana em meio ao nosso café. Um paciente com neoplasia metastática e dor oncológica demandava doses crescentes de opioide. Ela queria interná-lo, mas ele só tinha SUS. E não havia a menor condição de deixá-lo na poltrona das UPAs, que estavam superlotadas nestes tempos de virose. Alguns membros da equipe achavam que ele estava adicto à morfina. Ela tentava convencê-los de que a dose teto do opioide era a do controle da dor. E a dor ainda não havia sido controlada.

Quando a noite chegou e os meninos vieram suados das brincadeiras com os demais colegas do condomínio, nós os arrumamos para dormir. Se estivessem prontos até às 20 horas, teriam direito de falar com o Sombronildo no teto do quarto. Sombronildo era nada mais do que a sombra do meu dedo no teto do quarto contra a luz do celular, mas que os meninos tinham como a um amigo que sempre os visitava no apagar das luzes, antes de dormir. Mas a regra era clara: ele só aparecia até às 20 horas, pois depois disso, estava dormindo. Se ultrapassassem esse horário, ficaríamos apenas com as histórias.

Conseguiram se deitar, depois de muita bagunça, apenas às 20h40. Procedemos nosso ritual: cinco minutos de silêncio, um pai-nosso, uma ave-maria, uma oração ao anjo-da-guarda, uma oração ao Menino Jesus. Agora estavam prontos para ouvir:

— Vou lhes contar a história de um rapaz que, tendo saído da vida boa em uma ilha, depara-se, de repente, com uma civilização em meio a uma floresta densa, cheia de feitiços. E, como ali ele encontrou sua princesa, que o ajudou a sair daquele labirinto...

— Não! — interrompeu-me o João. — Eu quero a história da Aida e o Reino da Geometria Sagrada. Bernardo, você está acordado ainda?

— Não sei — responde o outro com voz arrastada.

— Ele falou, então está. Por favor, conta. Faz dias que não conta — implora João.

— Por que vocês não se educam para dormir cedo. Vamos lá. Onde nós paramos?

— Na parte em que ela estava no subsolo da pirâmide de trapézio, dentro da sala dos espelhos quebrados.

— Então...

Em três minutos, Bernardo já respirava lenta e profundamente, entregue ao sono. Três minutos mais tarde, era a vez do João. Aos poucos, fui relaxando também, ali mesmo, na cama do maior. No crepúsculo da visão, tive a impressão de ver meus três fantasmas, meus três amores: vovó, papai e mamãe. *"Os meninos estão enormes!"*; *"Parabéns pelo trabalho, cabra!"*; *"Obrigado pelos netos, meu filho!"*, me diziam. Intencionei me levantar, precisava estudar alguns casos dos pacientes do consultório, mas dormi. Muito mais que sobrevivente, sendo médico, nunca me senti tão vivo!

FONTE Utopia Std.
PAPEL Pólen Natural 80g
IMPRESSÃO Paym